UN

VOYAGE D'ARTISTE

TOURS. — IMPRIMERIE NOUVELLE. — E. MAZEREAU

Passage Richelieu, 11

UN
VOYAGE
D'ARTISTE

PAR

ÉMILE DE TARADE

Chevalier de l'ordre Royal & militaire du Christ

Auteur des *Éléments d'Anatomie et de Physiologie comparées*, de l'*Éducation du Chien*, etc., etc.

PARIS

DENTU, LIBRAIRE-ÉDITEUR

PALAIS-ROYAL, 17 ET 19, GALERIE D'ORLÉANS

1867

A MON LIVRE

Où vas-tu, petit ouvrage? — Tu n'en sais rien? Ah! parbleu, la réponse est curieuse; mais elle est très-probablement vraie. Quel sera ton lot? Feras-tu dans le monde une figure brillante? Vas-tu devenir pour beaucoup la modeste récréation de quelques instants? Dieu le veuille! et puisses-tu surtout plaire à ce sexe aimable et charmant, pour lequel ton auteur a toujours professé un véritable culte. C'est assurément aux dames que nous devons l'expansion des sentiments les plus doux, les plus délicats, comme les plus généreux, les plus élevés, et l'on ne peut nier l'immense influence du beau sexe.

Certes, l'amour divin, l'amour du prochain, l'amour de la patrie, l'amour de l'art ont inspiré de grandes et merveilleuses choses; mais je ne crois pas me tromper de beaucoup en affirmant que l'amour proprement dit a fait naître les plus sublimes.

« *Ah! si ma dame me voyait!* » Tel est le cri qui s'élève dans le cœur de chacun, s'il n'arrive pas toujours jusqu'à ses lèvres, quand on s'honore par un brillant fait d'armes, par un acte de dévouement, par la production de quelque œuvre admirable... L'amour est le plus puissant moteur du génie. Arrachez ce sentiment du cœur de Pétrarque, du divin Raphaël, et les chefs-d'œuvre dont nous faisons nos délices restent dans le néant.

Donc, puisque la beauté exerce un tel empire, place-toi modestement, mon livre, sous le patronage de ce sexe enchanteur, et alors marche hardiment... Ajoute, si tu veux, que tu es sans prétentions, sans malice, honnête surtout ; que tu es de ceux que l'on prend et que l'on quitte sans façon. Malgré ton peu de mérite, nous craindrons moins pour toi... D'ailleurs encore, si les dames te protégent, tu iras bientôt te fourrer dans toutes les poches. C'est dans ce désir et dans ce but que je te donne un format modeste : il y aurait de l'outrecuidance de ma part à vêtir d'un habit trop long et trop brillant un être d'aussi peu d'importance que toi.

CHAPITRE PREMIER

—

Les deux culottes. — Madame Pierre.

C'était en 1834. J'avais perdu, en 1830, un état brillant, mais conduisant plutôt à se faire casser bras ou jambes, qu'à la fortune. Ma liberté m'était rendue. J'en profitai pour faire un voyage dans le midi de la France. — Un puissant motif se joignait à mes désirs..., j'allais voir ma mère, des caresses de qui j'étais, hélas! privé depuis bien longtemps!

Comme Sterne-Yorick, je mets donc à la hâte une demi-douzaine de chemises dans un porte-manteau, mais je n'y introduis pas la classique culotte de soie noire, dont il avait eu soin de se munir... et ici, bon lecteur, je m'arrête tout étonné, tout effrayé même, que Sterne, dans un *Voyage sentimental,* voyage qui devait être, par conséquent, si sympathique aux dames, dans un ouvrage écrit en anglais et pour des Anglais et Anglaises, se soit permis de nommer ce déshonnête vêtement... je dis déshonnête; mais au point de vue de nos voisines d'Albion, shoking, shoking! car c'est, au contraire, le plus honnête de tout notre attirail vestimental... c'est l'indispensable, et l'on n'en demande pas davantage aux baigneurs. Et ici, une petite digression; car je vous le dirai une fois pour toutes, ami lecteur, je suis, en écrivant, ce que je suis partout ailleurs, un flâneur émérite, et il est bien entendu que j'ai le plaisir de vous adresser ce badinage à la condition de dire tout ce qui me passe par l'esprit.

Ces pauvres culottes courtes! Les voilà revenues! Elles sont de rigueur aux bals de la cour. Cependant on les croyait bel et bien enterrées... Il m'en souvient : je les ai portées..., j'en avais précisément une de soie noire et une autre couleur *cœur de chou.* J'étais bien jeune alors, et mon désespoir était de n'avoir pas de mollets, que la culotte, serrée à la jarretière, eût fait ressortir d'une manière brillante. Mais allez donc surmonter d'une culotte courte une paire de manches à balai! Tel était mon lot, cependant, et si le cher lecteur veut bien y joindre une coiffure dite *à caractère,* frisée, crêpée, pommadée, un énorme jabot, un habit à *queue de morue* et un immense *claque* avec ganse en acier et gros bouton *idem,* tout cela encadrant un moutard de dix ans, affichant la prétention de beau danseur (on dansait alors : les flics-flacs, entrechats, jetés-battus, le pas de zéphir, le pas de basque, tout cela était très-admiré quand on s'en tirait bien dans les *cavalier seul...* il y avait tel danseur et telle danseuse autour desquels on faisait cercle), affichant, dis-je, la prétention de beau danseur, et ne voulant danser qu'avec les plus jolies et les plus aimables dames, on conviendra que ce petit *mossieur* était passablement curieux et original.

Mais aussi, quelle gloire pour celui qui pouvait présenter sous ses boucles de jarretières une paire de mollets bien dodus, bien étoffés!... On avait quelquefois recours, en cas de mal partage, au talent du bonnetier, et de faux mollets avaient souvent l'audace de se glisser parmi les vrais... Je me souviens encore d'un agréable d'alors, nommé Ch...y. N'eut-il pas l'imprudence (ôtez l'*r* si vous voulez, cher lecteur) de se présenter dans un grand bal avec une paire de ces mollets d'emprunt?... Fort bien; mais, en dansant, voilà les formes factices qui se dérangent quelque peu; un plaisant s'en aperçoit, et ne tarde pas à piquer des faveurs de couleur, au moyen d'épingles, dans le tissu rebondi. Je laisse à penser le scandale et la colère du pauvre Ch...y, qui voulait tuer sur place l'insolent piqueur: mais celui-ci conserva un prudent anonyme.

J'ai vu jouer au piquet les deux dernières culottes courtes de la ville où j'ai reçu le jour. Cette partie est restée célèbre dans les fastes de la cité. Les deux joueurs étaient un vieux juge et le directeur des postes. Ce dernier, ayant perdu sa culotte, se fit couper la queue de désespoir (son chef étant orné de cet appendice), le jour où il fut obligé de livrer son vêtement au vieux juge qui, se montrant bon diable, et pour ne pas rester seul dans la ville avec sa culotte de nankin, livra aux flammes les deux dernières culottes courtes, à la grande joie des gamins, qui le voyaient faire dans son jardin cet auto-da-fé d'un nouveau genre et dont l'innocence n'a jamais été contestée.

———

Quand on est à la demi-solde, on ne se loge pas au premier étage d'un somptueux hôtel. C'était donc au troisième, *au-dessus de l'en-*

tresol, que l'artiste avait établi son domicile. Une chambre mansardée, éclairée au nord, comme il convient à un peintre, et un petit cabinet donnant dans l'alcôve, composaient tout l'appartement. Le mobilier était des plus simples, et quelques lambeaux de papier, pendant çà et là sur la muraille, attestaient que la chambre avait jadis été tapissée. J'avais essayé de parer à cette affligeante nudité en peignant sur la muraille, ici une perdrix suspendue à un clou, là quelques fleurs; plus loin, pour faire pièce aux buveurs, un plateau contenant un verre et une bouteille. Quelques études peintes, dont une annonçait une véritable vocation, à ce que disait mon professeur Dubufe, le père, de très-regrettable mémoire, faisaient çà et là un assez bon effet... Il y avait aussi dans un coin un petit portrait en silhouette... Que faisait-il là? — Je ne sais. Toujours est-il qu'il n'aurait pas dû y être. Une pendule à colonnes sur la cheminée, un violoncelle dans un

coin, la carcasse d'un violon accrochée au mur
et quelques objets d'histoire naturelle complé-
taient l'ornementation du modeste logis, et
quand madame Pierre promenait son plumeau
dans l'*appartement,* je voyais avec une certaine inquiétude ce diable de plumeau s'agiter
autour des objets fragiles.

Mais j'ai parlé de madame Pierre. Qu'était
madame Pierre? La femme d'un homme de
peine, employé je ne sais où. Dès le premier
jour de mon installation dans la maison, cette
brave femme avait aidé à l'emménagement;
puis, le lendemain, j'entends sonner vers les
huit heures du matin. Je quitte à la hâte le
lit sans draps où je m'étais jeté la veille,
vaincu par la fatigue, et je vois entrer madame
Pierre. « Je viens faire votre ménage, » me
dit-elle en souriant. Cette façon originale et
obligeante me plaît, et voilà madame Pierre
en fonctions, le balai à la main. Cette pauvre
madame Pierre était une bonne femme. Il

fallait la voir aux petits soins pour ma jeune famille, car j'avais une famille, tout garçon que j'étais :... une petite cage contenant un serin et sa respectable moitié, une bonne mère qui se trouvait souvent dans un état intéressant... Ce ménage, très-uni, excitait chez madame Pierre une véritable sollicitude. Elle m'apprit ainsi qu'elle avait un bon cœur... Il faut si peu pour révéler à fond le cœur humain...

Enfin, le grand jour arrive. Je paie deux termes d'avance. La petite cage est portée dans la chambre de madame Pierre, et confiée, ainsi que ses petits hôtes, à sa haute protection. La valise sus-mentionnée est prête. Ma boîte à couleurs est au complet. Quelques dettes criardes sont acquittées à la hâte. Le fidèle François, le commissionnaire du quartier, fort étonné de recevoir sur son dos tout un attirail de voyage au lieu d'avoir à serrer dans sa poche les petits billets parfumés qu'il portait quelquefois... *souvent*, dirait un malin voisin..... Et, après tout, que lui importe? n'est-il donc plus permis d'avoir un cœur? de le sentir bondir dans sa poitrine? n'est-il donc plus permis d'aimer et d'être aimé?... Que diantre! autant vaudrait-il être mort-né? — Quoi qu'il en soit, François et moi nous arpentons rapidement l'espace qui sépare la rue de Verneuil de la rue Notre-Dame-des-Victoires; la diligence est là; les chevaux sont attelés et prêts à partir... L'artiste se hisse sur l'impériale, en compagnie de son mince bagage et du conducteur... Le fouet du postillon retentit avec fracas... un grand bruit ébranle tout le voisinage et nous voilà partis!

CHAPITRE II

—

Un duel. — Le châle jaune.

Et nous voilà partis!... ta, ta, ta; ta, ta, ta! Partis? cher bon lecteur, vous ne me connaissez donc pas?... Partis?... pas encore. Avant de nous mettre en route, par la chaleur qu'il fait, je veux vous narrer ce qui était arrivé quelques jours avant mon départ, dans la maison dont j'étais un des plus modestes locataires. Il y avait, au premier étage, un autre peintre qui, à l'exemple de Dubufe, mon maître, avait le talent de faire toutes les dames très-jolies et très-ressemblantes... Heureux privilége, véritable apanage divin; si bien que son atelier ne désemplissait pas. On faisait queue... et pourtant ses peintures étaient de véritables croûtes. Mais il faisait vite, il faisait beau et ressemblant, et en outre ses prix étaient modestes. Que demandaient de plus mesdames les tailleuses, épicières, mercières et *tutti quanti*, qui venaient poser en grande toilette? En voyant les succès de mon confrère, dont les portraits s'enlevaient à beaux deniers comptant, et la difficulté que j'avais à me défaire de mes pauvres toiles quand j'y avais passé beaucoup de temps, suant sang et eau, j'éprouvais non pas de l'envie, ni de la jalousie non plus (ces deux indignes sentiments n'ont jamais trouvé place dans mon âme), mais une sorte d'humiliation; car enfin, on a son amour-propre, et je ne sache pas que les artistes en soient dépourvus.

Toutefois, l'époque du terme se traduisait bien différemment au premier et au quatrième étages. Avec sa demi-solde, sa pension et la vente de quelques toiles, avec de l'ordre, de l'économie, l'artiste du modeste appartement arrivait à joindre les deux bouts et encore à mettre quelque chose de côté pour les menus plaisirs. Il y avait même de quoi envoyer de temps en temps quelques fleurs à celle qui savait si bien les imiter..... Pauvre simple jeune fille de la rue Guérin-Boisseau! Il n'y avait d'artificiel, chez elle, que les fleurs, ouvrage de ses jolis doigts.

Mais au premier étage, c'était bien autre chose, vraiment. Il n'y avait rien de trop beau, de trop bon, d'assez coûteux. C'étaient des promenades *au bois*, en calèche ou en chevaux de louage; les glaces, le champagne, les volailles truffées, dont le fumet montait aisément jusqu'au quatrième étage; les soupers fins avec les belles demoiselles..... tout cela et tant d'autres choses absorbaient rapidement le prix du travail; si bien que, quand venait la fin du semestre, il n'y avait pas de raison pour que le propriétaire fût payé plus qu'il ne l'avait été le semestre précédent, tandis que l'artiste de *l'appartement* mansardé payait toujours exactement son terme à la fin de chaque trimestre (1).

Enfin, les choses allèrent de façon qu'un beau jour, dans la rue, moi présent à ma fenêtre, il y eut une vive altercation entre mon confrère Bercy et M. de B..., le propriétaire. Comme Bercy gesticulait beaucoup, M. de B... crut qu'il voulait le frapper : c'est pourquoi, allant avec son parapluie à la parade des coups dont il n'était pas menacé, ce fut lui qui atteignit Bercy à l'épaule, et je vis le moment où celui-ci, devenu furieux, allait se jeter sur le propriétaire. Mais, craignant de voir ce vieillard maltraité, j'avais descendu rapidement l'escalier, et je m'interposai entre les deux champions qui, se défiant mutuellement, se donnèrent rendez-vous pour le lendemain, à huit heures

______

(1) A Paris, les locations importantes se font par six mois, les petites locations par trois mois.

du matin, au Bois de Boulogne. Le propriétaire m'avait fait l'honneur de me choisir pour témoin, et il fut convenu qu'en ma qualité de militaire je fournirais les armes et chargerais les pistolets. Je passai donc une partie de la soirée à mettre en bon état une paire de pistolets de tir, que je possédais, et à préparer de la poudre et des balles.

Le lendemain matin, à sept heures, j'allai prendre M. de B..., dans une voiture de remise, et à huit heures précises nous étions sur le terrain. Son adversaire s'y trouvait déjà avec son témoin. Vainement ce monsieur et moi cherchons à faire entendre raison aux deux adversaires. La disproportion des âges était pour nous une mine superbe à exploiter. Mais il n'y eut pas moyen. M. de B..., malgré ses soixante-dix ans et sa perruque, était d'une humeur sabreuse qui sentait plutôt son jeune officier de hussards qu'un bon vieux rentier.

Enfin le sort en est jeté : il faut se battre. Je

charge donc les pistolets; j'y mets bien osten-
siblement les balles. On couvre les armes d'un
mouchoir, et chaque combattant en prend une.
Ces messieurs sont placés à vingt-cinq pas l'un
de l'autre. Je donne le signal : *une, deux,
trois!* Et les deux coups de pistolets partent en
même temps.....

———

Heureusement, aucun des deux adversaires
n'était touché... M. de B..., comme un intré-
pide, voulait absolument continuer le combat;
mais nous finîmes par lui faire comprendre
que l'honneur était satisfait; que chacun avait
bravement fait son devoir, et qu'il n'y avait
plus qu'à se donner la main, et à aller déjeuner, ce qui fut fait. — Parbleu, me disais-je
pendant que nous mangions des huîtres, voici
qui est curieux : de quatre que nous sommes,
assis autour de cette table, il y en a deux qui ne

demandaient pas mieux, il y a un quart d'heure, que de voir disparaître leur adversaire de ce monde, et qui y prêtaient la main de tout leur pouvoir..., maintenant les voilà attablés côte à côte, buvant à la santé l'un de l'autre et disant mille choses plaisantes. Ce que c'est pourtant, et à quoi tient la vie d'un homme! Un tube de fer exactement dans votre direction, un petit mouvement de doigt imperceptible, et crac! tout est dit..... Voilà un homme, souvent très-estimable, parfois un homme de génie, très-apprécié, très-utile à ses semblables, balayé de la terre des vivants..... Le voilà brusquement enlevé à ses affaires, à ses plaisirs, à ses amis..... Voilà une famille en larmes, un grand désordre physique et moral parmi des gens respectables, et qui se reflète souvent désastreusement sur toute la société..... Oh! que cela est triste à penser! Oui, c'est affreux, et Jean-Jacques Rousseau avait raison de dire : « Au premier sang! et qu'en veux-tu faire, de ce sang, bête féroce? veux-tu le boire? » Assurément, le duel c'est le combat entre deux sauvages; seulement le tomahawk a pris la forme d'un pistolet, et le sabre en bois dur celle d'une épée bien affilée...

Toutes ces réflexions, et bien d'autres qui découlaient de celles-ci, ne me faisaient prendre qu'une part médiocre à la gaieté des autres convives, quand Bercy me dit brusquement : « Eh! qu'avez-vous donc, confrère? « Vous ne mangez, ni ne buvez, ni ne riez « avec nous. Que diable, vous êtes triste « comme à un enterrement. — Cela aurait pu « fort bien être si on vous avait laissé faire, » répondis-je aussitôt. Et ce propos, qu'on attribua sans doute à ce que nous n'avions pas voulu laisser continuer le combat, ne fut pas relevé.

J'ajouterai seulement, pour la gouverne des personnes qui pourraient se trouver en passe semblable, qu'en sa qualité de doyen et de propriétaire, ce fut M. de B... qui paya le déjeuner.

Le lendemain de ce duel mémorable, vers neuf heures du matin, au moment où madame Pierre allait ôter mon café du feu, on sonne...
« Voyez donc qui ce peut être. — Ah! mon
« Dieu, Monsieur, c'est une jolie demoiselle,
« avec sa femme de chambre. — Sapristi! une
« jolie demoiselle?... Avec un chapeau? —
« Avec un chapeau et un châle jaune. —
« Diantre, je ne connais pas de châle jaune.
« N'importe... priez cette demoiselle d'avoir la
« bonté d'attendre un instant... que je mette
« au moins une robe de chambre... » Oui, mais il arriva ce qui arrive toujours quand on veut se presser. Je tire rapidement la robe de chambre de dessus le porte-manteau, et j'y fais une déchirure d'un pied de long... Je veux passer mon bras dans la manche, et je le fourre dans la poche de côté... Enfin, vaille que vaille, me voilà décemment vêtu, ou, du

moins, à peu près, et on introduit la demoiselle et son aide de camp. « Ah! c'est made-
« moiselle Olympe... (la nièce de M. de B...).
« J'ai bien l'honneur de vous saluer, Made-
« moiselle; veuillez vous asseoir. — Non,
« Monsieur, mademoiselle Olympe ne veut pas
« s'asseoir, et mademoiselle Olympe n'est pas
« contente, il s'en faut. Le concierge m'a tout
« raconté, Monsieur, et je vous en veux à la
« mort d'avoir laissé battre mon pauvre oncle.
« Vous pouviez nous le faire tuer, et à tout le
« moins on pouvait nous le rapporter griève-
« ment blessé. — Pardon, Mademoiselle, à
« tout le moins il pouvait revenir sain et sauf,
« et c'est ce qui est heureusement arrivé. —
« Ce n'est pas votre faute, ajouta sèchement
« mademoiselle Olympe... » Ma qualité de
peintre ne me permit pas d'ignorer combien le
visage de cette demoiselle, jolie, très - jolie
même, avait alors une expression désagréable.
Ces yeux, momentanément couverts, ce front

plissé, ces lèvres pincées donnaient à ce visage, ordinairement agréable et charmant, une expression de dureté infiniment déplaisante.

« — Parbleu, me disais-je tout bas, si les
« dames savaient comme elles paraissent peu
« à leur avantage quand elles boudent, et
« combien la colère les enlaidit, si jolies
« qu'elles soient, du reste, elles conserveraient
« toujours une admirable sérénité... — Ah!
« monsieur le philosophe, *voilà qui est bien*,
« comme disait madame Geoffrin quand elle
« voulait faire cesser une conversation qui lui
« était désagréable... Voilà qui est bien! Mais
« à ce compte il faudrait, mes beaux Messieurs,
« ne jamais nous donner sujet de nous fâcher,
« et c'est ce qui arrive souvent, très-souvent,
« trop souvent... »

J'avoue que je ne sus que répondre à cette riposte faite *in petto* par une dame ou demoiselle quelconque dont le souvenir se promenait apparemment en cet instant dans mon for intérieur. Je baissai humblement la tête, et fus réduit au silence vis-à-vis de la dame imaginaire; mais je relevai bien vite mon chef en face de la belle demoiselle présente, et, avec l'assurance d'un homme qui croit avoir fait noblement son devoir, je lui dis...

CHAPITRE III

—

**Recette pour les témoins d'un duel.
Le serviteur sans pareil.**

..... Cependant je faisais des efforts surhumains pour cacher cette grande malheureuse déchirure à ce que M. le comte X. de Maistre appelait si plaisamment sa *redingote de voyage.* Les yeux courroucés de mademoiselle Olympe, quand ils ne lançaient pas des coups de poignard, s'arrêtaient obstinément sur cette fâcheuse solution de continuité dans l'étoffe et dans la doublure... Et qu'il y avait de reproches désagréables dans ces regards toujours braqués là! Quand ces beaux yeux, devenus si méchants, se relevaient sur les miens, il aurait fallu être bien sot pour ne pas y lire :

C'est bien la peine de mettre une robe de chambre *déchirée* pour recevoir les gens!... D'abord, pourquoi une robe de chambre? Cela n'est pas un vêtement décent pour recevoir une femme, à plus forte raison, quand c'est une demoiselle. — Mais, Mademoiselle, vous m'avez surpris. — Un homme, s'il veut mériter ce nom, ne doit jamais se laisser surprendre. D'ailleurs, pourquoi ne pas endosser un autre vêtement, puisque vous convenez que vous avez mis celui-ci pour me recevoir? Pourquoi ne pas mettre un habit, ou tout au moins une redingote? — Mon Dieu, Mademoiselle, mon habit... il est chez le tailleur, mon habit... (je crois bien, il y était en pièce et y est encore) et, quant à ma redingote... Oh! quelle honte! ô jour affreux où, poussé dans mes derniers retranchements, j'aurais été obligé de dire... ma redingote, Mademoiselle, elle est *chez ma tante...* et je n'ai pour vous recevoir que ma robe de chambre et ma veste de chasse. Mais les dames ne comprennent pas cela.... encore moins les demoiselles, et elles ne peuvent se figurer qu'un peintre puisse avoir eu des malheurs... Il est vrai de dire qu'elles ne connaissent pas le proverbe : *Gueux comme un peintre*. Hélas! il y avait bien autre chose dans les regards de mademoiselle Olympe. On y lisait évidemment ceci : Ce n'est pas la peine de tant chercher à cacher cette déchirure; croyez-vous que je ne la vois pas? Un tel accroc doit être réparé de suite, ou bien il annonce un grand désordre... (l'ensemble de la *chambre-atelier* ne semblait que trop justifier ces réflexions fâcheuses,... en ce moment du moins).

Enfin je prends mon parti et je me redresse de toute ma hauteur. « Mais, Mademoiselle, « lui dis-je, je croyais que vous veniez me « faire l'honneur de m'adresser des remerci- « ments. — Des remercîments? Voilà qui est « trop fort. — Oui, Mademoiselle, des remer-

« ciments. Veuillez avoir la bonté de faire

« sortir un instant votre femme de chambre.

« Madame Pierre va rester là ; ainsi les

« convenances seront strictement observées, et

« je vous expliquerai tout ce qui s'est passé ;

« mais cette explication ne peut s'adresser

« qu'à vous seule. — Eh! bien, soit ; je suis

« curieuse de savoir comment vous pourrez

« vous justifier. Élise, vous allez m'attendre

« dans le corridor. »

La femme de chambre sortie, je dis à

madame Pierre : « Qu'avez-vous été chercher

« avant-hier soir, rue Chapon ? — Monsieur le

« sait bien, six grosses perles fausses. — Nous

« y voilà, Mademoiselle. Monsieur votre oncle

« voulait absolument se battre ; quand j'ai vu

« cela, j'ai revêtu ces grosses perles avec du

« papier d'étain, je les ai mises dans les

« pistolets en guise de balles et, en bourrant

« par-dessus, j'ai dû nécessairement les casser

« et les réduire en poussière ; en sorte qu'en

« tirant à vingt-cinq pas sur Monsieur votre
« oncle, c'est absolument comme si Bercy
« avait soufflé sur ce respectable vieillard...
« Maintenant, Mademoiselle, m'en voulez-vous
« encore autant?... » Il fallait voir le changement soudain qui se fit dans cette jolie
physionomie, et comme les yeux devinrent
tout à coup aimables et bons. « Ah! dit-elle,
« que je vous en remercie! c'est une bien
« excellente idée, et je n'attendais pas moins
« de votre bon cœur. — Cependant, Mademoi-
« selle, tout à l'heure vous étiez bien furieuse
« contre moi. — Sans doute; qui pouvait
« deviner cela? toujours est-il que mon oncle
« a été bien malade, et que le déjeuner qui l'a
« fait sortir de ses habitudes lui a donné une
« terrible indigestion. — C'est autre chose,
« Mademoiselle, dis-je en souriant : ceci est la
« faute de M. Barbot, le restaurateur; mais
« vous y aurez sans doute paré avec quelques
« tasses de thé. Maintenant, comme Monsieur

4.

« votre oncle croit s'être battu sérieusement,
« je n'ai pas besoin de vous recommander de
« ne parler à personne de ce que je viens de
« vous dire, et encore moins à M. de B... qu'à
« tout autre. — Soyez tranquille, mon cher
« Monsieur, je n'en ouvrirai jamais la bouche
« à personne, et j'espère que cette brave
« femme n'en parlera pas non plus... » Comme
cela regardait madame Pierre, je l'assurai que
ma femme de ménage, par une heureuse et
rare exception, ne parlait jamais de ce qui se
passait chez moi.

Quand mademoiselle Olympe fut partie, après
force remercîments. « Ah! le beau châle!
« disait madame Pierre. — Quels beaux yeux!
« disais-je de mon côté. — La belle robe et la
« belle chaîne d'or! — Quelle jolie bouche!
« quel admirable teint! — Comme ce chapeau
« est frais et *cossu!* — Quelle taille svelte et
« élégante!... » La bonne madame Pierre ne
voyait, dans cette courte et charmante appari-

tion, que le costume et les bijoux, en madame Pierre qu'elle était... Pour le peintre, il s'attachait à toute autre chose...

———————

Ce duel excentrique m'en rappelle un autre qui ne le fut pas moins, dans un autre genre, et que je veux faire connaître au lecteur. Mais dans celui-ci l'intervention de Granjean fut nécessaire... et d'abord, qui était Granjean? Granjean!... Ah! c'était bien l'homme unique: le meilleur des serviteurs passés, présents et futurs... un garçon à laisser bien loin derrière lui les Lafleur du *Voyage sentimental* et les Lajeunesse du *Voyage autour de ma chambre.* Ah! je souhaite à tous mes lecteurs un serviteur pareil! Avec un homme de ce caractère, ils seront servis ponctuellement et comme par enchantement. Ils n'auront point d'indiscrétions à craindre, point de murmures, point de réflexions déplacées, à perte de vue, point de regards malins ou curieux, point de sottes réponses, point de questions saugrenues...

J'avais précédemment, pour brosseur, un de nos palefreniers, dont j'étais assez content. — Il fêtait cependant un peu trop la bouteille et sentait horriblement l'ail, dont, en sa qualité de Provençal, il faisait un usage véritablement abusif. — Du reste, bon diable, aimant au suprême degré son pays poudreux, la *gueuse parfumée*. Ce fut lui, Charles Giniès, qui répondit un jour à un de nos officiers, étonné d'entendre son *charabias* de patois, et lui demandant s'il était Français : « Non, Moussu, « ze ne souis pas Françès... Ze souis de « Marrrseille. » Comme Giniès allait quitter le corps pour retourner dans son pays, je me plaignais de sa perte devant l'excellent Joseph Mayran, mort depuis glorieusement, général de division et commandeur de la Légion d'Honneur, devant Sébastopol. Quel homme regrettable que ce bon Mayran! Quelle nature d'élite! Je suis convaincu que j'ai beaucoup gagné moralement à la fréquentation habituelle de cet homme de bien. Nous n'étions pas encore camarades de chambre comme nous le fûmes depuis. « Mon cher ami, me dit-il, si « Giniès s'en va, je vous engage à prendre « Granjean pour le remplacer. Voilà six mois « qu'il me sert, et j'en suis excessivement « satisfait. — Eh bien! répondis-je, il faut lui « dire qu'il vienne me parler. — Oh! il n'est « pas question de cela. Granjean n'est pas un « domestique comme un autre. Le jour où « vous voudrez qu'il commence son service, « vous me donnerez la clef de votre chambre, « ornée de son numéro et d'une de vos cartes « de visite. Je mettrai ladite clef sur une « chaise, au milieu de ma chambre, une « brosse à côté; Granjean comprendra à mer- « veille ce que cela voudra dire, et, à votre « retour du déjeuner, vous trouverez votre

« chambre, en ordre. — Quelle plaisanterie!
« Pourquoi ne pas lui dire tout simplement de
« venir brosser mes effets? — A Granjean?...
« Mon cher, je vous l'ai dit, il ne ressemble
« pas à un autre domestique. Il y a six mois
« qu'il me sert avec la plus grande exactitude,
« et je ne l'ai jamais vu... Vous ne le verrez
« probablement pas davantage. »

A ces mots étranges, je pensai tomber de mon haut. Et pourtant rien n'était plus vrai. Pour mon compte, Granjean m'a fidèlement servi pendant plus de trois mois, et je ne l'ai pas plus vu que ne l'avait vu Joseph Mayran pendant six autres mois. Ayant une double clef de ma chambre, selon l'usage, Granjean saisissait habilement le moment où j'étais à déjeuner, ou à l'atelier, ou courant la prétentaine, pour mettre ma chambre et mes effets en état. Fallait-il de la chandelle? Je plaçais le flambeau vide sur une chaise au milieu de la chambre, de l'argent à côté, et, en rentrant, je

trouvais sur ladite chaise une livre de chandelle et la monnaie de reste.

Un jour que je donnais une soirée et un punch à quelques camarades, je mis près du flambeau vide un petit morceau de bougie, et mon serviteur invisible, mon gnôme, comprit parfaitement qu'il y allait, ce jour-là, d'une livre de belle bougie de l'Étoile. Voulais-je trouver du feu en rentrant, je mettais sur la chaise la pelle et la pincette en croix. Ah! cette chaise jouait. un grand rôle dans nos relations de maître à serviteur. On eût dit un de ces meubles enchantés qui figurent dans les pièces féeries. Le linge sale, réuni en un paquet avec l'adresse de la blanchisseuse, était aussitôt porté à son adresse. N'y avait-il plus de bois? Les deux chenèts au milieu de la chambre, en compagnie d'une pièce de vingt francs, avaient pour Granjean une très-éloquente signification. et, quand je rentrais le soir, je trouvais ma petite provision de bois renouvelée, le bois scié et rangé, et le foyer garni. Notre service à pied et à cheval étant affiché, Granjean connaissait parfaitement mes jours de garde ou d'escorte, et ces jours-là je trouvais tout disposés mes effets d'habillement et mes armes, que bien souvent j'avais rapportés deux jours auparavant couverts de boue ou de poussière... Mais Granjean l'invisible avait l'art de leur rendre un éclat magnifique. A la fin de chaque mois, je déposais huit francs sur la chaise... Gage modeste! trop modeste même, pour un serviteur si discret et si précieux... Mais enfin, c'était la rétribution d'usage, et nul doute que l'âme fière de Granjean ne lui eût pas permis de recevoir plus que ne recevaient ses camarades.

Cependant cette manière d'être de mon serviteur m'intriguait, et m'inspirait le désir de le connaître autrement que par ses services. Il m'intéressait... Je le supposais atteint de quelque difformité qui le rendait hideux... Oh! me disais-je... et si c'est, par hasard, une difformité morale! qui sait?... J'avais envie de me cacher à l'heure du déjeuner, afin de le surprendre; mais la fable de *Psyché* me revint à l'esprit, — quoique je fusse loin de ressembler à Psyché, et quoique probablement Granjean ne ressemblât guère à l'Amour, — je rejetai bien vite ce projet comme une trahison indigne d'un galant homme. Non, non, me disais-je; il ne faut pas faire cela. Peut-être ce pauvre garçon est-il, par sa naissance et par ses sentiments, bien au-dessus de sa condition présente, nécessitée par quelques malheurs. Il se sent probablement humilié : son amour-propre est blessé : il en souffre, il faut respecter son secret.

CHAPITRE IV.

—

Le petit pied de la jolie cousine. — Les médecins & les abbés.

Et d'abord je demande pardon au bienveillant lecteur de mon erreur involontaire. Le Lajeunesse du *Voyage autour de ma chambre* ne s'appelait pas Lajeunesse... Il se nommait Joanetti, ainsi que je viens de m'en convaincre en ouvrant dans trois ou quatre endroits cet ouvrage immortel. Mais, après tout, il ne s'agit que d'une erreur de nom : le personnage reste le même, et j'ose croire que la mémoire du bon Joanetti n'a rien à craindre de la loi sur les usurpations de noms ou de titres.

J'avais un cousin sous-préfet dans un département du Midi : le chevalier des E..., heureux père de neuf enfants, en avait en perspective un dixième qui avait déjà fait plus de la moitié de son chemin pour paraître en ce bas monde, et la chère cousine, quoique à peine de la taille d'une ablette, ne paraissait pas devoir ni vouloir s'arrêter à ce nombre rond, si honnête pourtant. C'était une Espagnole aux grands yeux noirs et au regard vif et mutin. Tâchez de la rencontrer, belles dames, si vous pouvez, et faites modeler votre pied, si mignon qu'il puisse être, sur celui de la jolie cousine. Je crois, Dieu me pardonne, que ce fut ce joli petit pied que Perrault avait deviné dans l'avenir, qui lui donna l'idée du conte ravissant de *Cendrillon*. Quoi qu'il en soit, madame des E... connaissait bien tout le mérite, toute la valeur de ce certain petit pied, et ne se faisait pas faute de vous le montrer. Quand l'occasion ne se présentait pas naturellement, elle vous le plantait en avant, parfaitement chaussé, en vous disant avec son *assent* espagnol et une grâce charmante : « *Mira, senor ;* dans mon pays toutes les dames portent de petites boucles comme cela. » Et la chère cousine était censée ne vouloir vous montrer que les jolies boucles de ses souliers... O coquetterie ! Du reste, il n'y avait pas que ce pied de remarquable dans la chère petite personne : une taille charmante, malgré les *neuf* bébés (dix bientôt), de magnifiques traits, autant que permettaient de les voir de grands beaux yeux noirs qui occupaient les deux tiers du visage, beaucoup de distinction sur toute sa personne, des dents d'ivoire, des cheveux d'ébène tombant jusqu'à terre, mais une grande pâleur : un teint mat et un peu bistré comme celui de toutes les femmes de la Péninsule.

Donc le chevalier des E... était à Paris, sollicitant au ministère un avancement, que sa nombreuse famille rendait excessivement nécessaire. Émigré, fils d'émigré, il avait tout perdu à la Révolution, et sa chère femme ne lui avait apporté d'autre dot que ses charmes.

Or, on sait ce que c'est que de solliciter à Paris... Les jours, les semaines, les mois se passent à être renvoyé de bureau en bureau... la vie d'hôtel est chère...

Un beau jour, je vois arriver le chevalier.

« Mon cher cousin, me dit-il, je me trouve dans un grand embarras... » — Ah! mon Dieu, me dis-je,.. il vient me demander de l'argent!... et notez que c'était à la fin du mois! — « Oui, je suis dans un grand embarras... J'ai demain une affaire d'honneur, et il faut, mon cher cousin, que vous ayez la bonté de me servir de témoin... » Oh! oh! dis-je en moi-même, il n'est pas question d'argent! *Vivat!* — « Eh! quoi, cher cousin, qu'y a-t-il donc? l'honneur en jeu? vous a-t-on donc insulté? y a-t-il quelque soufflet? quelque démenti? — Point du tout : un malotru m'a marché sur le pied en passant, et n'a jamais voulu me demander excuse. — La chose avait-elle l'air d'avoir été faite exprès? — Oh! non. — Diantre, mon cher des E..., s'il n'y a que cela, c'est peu. — Comment, c'est peu! c'est beaucoup trop, et ce monsieur me fera des excuses, ou nous nous battrons. — Avez-vous pris jour? — Oui, c'est pour demain; nous devons nous trouver à sept heures du matin à la porte Maillot. — Eh! bien, à la bonne heure. J'irai avec vous. — Il faudra que vous ayez la bonté d'apporter des armes. — Soyez tranquille, j'aurai tout ce qu'il faut. — Vous logez toujours à l'hôtel de Chartres? — Oui. — Alors, demain à cinq heures du matin, j'irai vous prendre avec un ami. »

Cet ami, c'était l'excellent docteur Dupont, le médecin du corps, qui pouvait nous être fort utile au besoin. Je cours chez lui, et je le trouve tout disposé à venir avec nous. « Nous prendrons mon cabriolet, me dit-il; mais il faudra que votre brosseur vienne mettre le cheval aux brancards, car mon domestique s'est donné hier une entorse. » Il me semblait, d'ailleurs, que l'honnête Granjean ne serait pas de trop avec nous, et, au moment d'aller dîner, je mets sur la chaise magique un petit billet portant ces mots : « Il s'agit d'un duel pour demain. Granjean se procurera un sac à distribution, et viendra me réveiller à quatre heures précises. »

Je ne doutais pas que la gravité de la chose ne fît sortir Granjean de sa discrétion et de sa réserve habituelles.

———————

Le lendemain, à l'heure dite, on frappe discrètement à ma porte.

« — Entrez! Ah! c'est vous, Granjean? — Non, Monsieur, ce n'est pas Granjean : c'est Herveux. Granjean est malade, et je suis venu à sa place. Nous sommes deux amis. C'est moi qui fais les affaires de M. L'Homme (1), avec qui vous êtes toujours. — Ah! diable, j'aurais voulu que Granjean pût venir... Enfin, puisqu'il est malade, vous le remplacerez. Avez-vous un sac pour mettre les armes? — Oui, Monsieur. — Eh bien, allez demander, de ma part, à M. L'Homme, qu'il vous donne son épée; mettez-la, ainsi que la mienne, et ces pistolets, dans votre sac, et partons. »

Je me doutai bien que la maladie de Granjean était de commande; mais il fallut en passer par là : il était écrit que je ne le verrais jamais.

Le bon docteur était déjà levé et avait fait préparer du café. « Il faut nous lester, me dit-il, pendant que votre homme va atteler. On ne sait pas ce qui peut arriver. D'ailleurs, c'est

(1) Mort depuis, à Tours, capitaine d'habillement d'un régiment de dragons; c'était un excellent camarade, plein de talents et d'un charmant caractère. Il mourut au milieu d'un concert, très-regretté de tous ses amis.

un principe hygiénique : on ne doit jamais sortir à jeun, et nous autres docteurs, nous sommes à cheval sur les principes. — Vous autres docteurs, vous êtes des farceurs; quand vous vous trouvez en face d'un bon repas, vous envoyez les principes hygiéniques à tous les diables..., et, au fait, je ne connais rien de plus gourmand qu'un médecin. — Allons donc, vous voulez rire..., et les abbés? — Ah! c'est vrai, je n'y pensais pas. » Cependant le cabriolet est prêt; nous nous y installons; Herveux monte *en croupe*, et nous arrivons rue de Chartres, à l'hôtel de ce nom, près de l'ancien Vaudeville. Le concierge faisait la toilette du pavé devant l'hôtel confié à sa garde... « M. le chevalier des E...! — Monsieur, il est parti depuis près d'une heure. — Quoi! il ne nous a pas attendus? Allons, docteur, nous allons sans doute le trouver à la porte Maillot. — Mais, Messieurs, il n'est pas allé à la porte Maillot. — Vous savez donc où il est allé? — Sans doute. — Et où donc? — A la diligence. — Comment! à la diligence?— Oui, Monsieur; puisque je vous dis qu'il est parti... j'en suis bien sûr : c'est moi qui ai conduit sa malle rue Notre-Dame-des-Victoires, sur la brouette que voilà. »

Nous restons stupéfaits!... Fort bien, dis-je au docteur : le bon chevalier aura pensé à ses neuf enfants, au dixième qui est en route, et il sera allé voir si ce dernier montrera bientôt le bout de son nez. Bon voyage au cher cousin; mais, ventre-bleu ! nous ne l'eussions laissé tuer qu'à bonnes enseignes. Un tel homme concourt trop à la prospérité de l'État... — Et sa femme aussi, ajouta en riant le bon M. Dupont. — Au reste, repris-je, il n'y avait pas de quoi fouetter un chat, et, s'il fallait se battre avec tous les gens grossiers et mal appris qu'on rencontre sur son chemin, on y passerait sa vie... à supposer toutefois qu'on ne la laissât pas sur le terrain dès la première escarmouche. »

Cependant nous agitâmes la question de savoir si nous irions jusqu'au bois de Boulogne trouver le *quidam* et lui offrir de nous battre avec lui par procuration inédite de M. des E... « Non, dit à la fin le docteur. Ce quidam est un manant de ne s'être pas excusé. Il devait le faire dans tous les cas. Il en sera donc pour sa course et pour quelque rhume de cerveau que lui aura coûté son lever matin. Ce sera là sa punition. Venez, mon cher, je vais faire ma visite du matin à l'hôtel, et ainsi je vous y reconduirai. »

C'était un agréable *Pandæmonium* que cet hôtel du quai d'Orsay, devenu maintenant une vulgaire caserne. Oh! alors, c'était L'HOTEL DES GARDES. Il y logeait trois des quatre escadrons de service à Paris. Le quatrième escadron occupait l'ancien couvent des religieuses de Panthemont, rue de Belle-Chasse... Malheureux escadron, exilé par le sort, exil de quatre mois ! D'Havré et Gramont étaient de service ensemble, alternant avec Noailles et Luxembourg. Nos garnisons étaient Saint-Germain-en-Laye pour les compagnies de Gramont et de Luxembourg; Versailles pour les compagnies d'Havré et de Noailles. Là, comme il y avait beaucoup de troupes de la garde royale en garnison, le service dans les compagnies était assez rigide, et la tenue toujours de rigueur. A Saint-Germain, où les gardes-du-corps étaient seuls en garnison, il y avait un laisser-aller tout paternel.

L'imagination du lecteur court sans doute la poste en songeant à cette belle jeunesse, revêtue de brillants uniformes, où le moindre garde était officier... — Corps composé en grande partie de jeunes gens de famille, et assez difficile à conduire, si ce n'est par l'honneur et par les sentiments. Mais, en touchant ces deux cordes-là, on nous eût menés au bout du monde. — Nous ajouterons, à tout ce que le lecteur peut supposer, un moyen *certain* ou *presque certain* de faire un grand pas dans le cœur des aimables Parisiennes... « Oh! ayez-moi des billets de travée pour dimanche prochain, je vous en conjure! »

Nous expliquerons dans le chapitre suivant ce que signifiaient ces paroles sorties de la bouche de quelque jolie femme.

CHAPITRE V.

—

La salle des Gardes. — Les billets de travées.

Il faut savoir que les Bourbons assistaient tous les dimanches à une messe en musique, chantée dans la chapelle du château des Tuileries. C'était ordinairement une messe de Lesueur ou de Chérubini, exécutée par les meilleurs artistes de l'époque, et que conduisait Plantade, le père, avec habileté, sans doute, mais surtout avec une telle énergie, qu'il prétendait que sa messe avait dû mal marcher, quand il n'avait mouillé qu'une ou deux chemises, dont il allait changer prestement entre l'exécution de deux morceaux et pendant le sermon.

Or on délivrait à l'avance trois sortes de billets : billets bleus pour l'entrée dans la salle des Maréchaux, dans le pavillon de l'Horloge ou du Milieu (1) ; billets roses pour l'entrée dans la galerie de la chapelle, et billets blancs pour les travées. Ces travées étaient des espèces de tribunes situées à droite et au même niveau que la tribune du fond, destinée à

(1) Nous avions là un poste de vingt-quatre Gardes, commandés par un officier (colonel ou lieutenant-colonel) un maréchal-des-logis (chef d'escadron) et deux brigadiers (capitaines). Dans la salle dite Salle du Roi, qui précédait immédiatement les appartements de S. M., nous fournissions un maréchal-des-logis, un brigadier et douze hommes (*) ; chez Mgr le Dauphin, un brigadier et huit hommes ; autant chez Mme la Dauphine, et un brigadier et quatre Gardes chez Mgr le Duc de Bordeaux. Le poste le plus agréable était celui de Mme la Dauphine, excellente princesse, qui nous envoyait souvent les beaux fruits, ou les gâteaux dont on lui faisait hommage. « Portez ce souvenir aux Gardes, de ma part, » disait-elle.

(*) C'était à ce poste qu'appartenaient les quatre Gardes chargés d'accompagner le déjeûner et le dîner du Roi, depuis les offices jusqu'à la salle à manger. Les mets, portés sur des plateaux d'argent, étaient recouverts de cloches du même métal. Ces diverses précautions avaient pour but d'empêcher toute criminelle tentative.

la famille royale. Derrière chaque travée se trouvait un garde en grande tenue et en armes.

A onze heures précises, un suisse ouvrait les deux battants du Salon de la Paix, qui faisait suite à la salle des Maréchaux, et un huissier annonçait : « LE ROI! » En effet, le Roi, passant entre deux haies formées par les Gardes-du-corps, traversait diagonalement la salle, suivait une sorte de corridor en planches et en coutil, construit sur une terrasse et qu'on appelait la *Galerie vitrée*, et de là entrait dans la tribune royale qui y faisait suite. Aussitôt que S. M. paraissait dans la tribune, le tambour des Cent-Suisses, soutenu d'un infortuné fifre, faisait entendre sur sa caisse sans timbre une marche tellement excentrique, tellement bizarre, que le souvenir seul de cette horrible musique me met l'esprit à l'envers. Les insulaires d'O-Taïti et de Tonga-Tabou, les nègres, les Hottentots, n'ont, certes, rien imaginé de *mieux*. Je suppose que c'était un truc inventé par Plantade ou peut-être bien par Chérubini, malin comme chacun sait, pour faire mieux ressortir et valoir la musique qui devait suivre.

Avant le Roi venaient Monseigneur le Dauphin, Duc d'Angoulème et les Princesses.

La suite de la famille royale se plaçait aussi dans la tribune du Roi, qui avait près de lui, de chaque côté, un Garde-de-la-Manche, costumé très-richement à la Henri IV : chapeau noir entouré de plumes blanches, juste-au-corps en satin blanc avec des crevés, haut-de-chausses de même, bas de soie et souliers avec rosettes blanches. Ces deux gardes étaient armés de hallebardes. Ce privilége de Garde-de-la-Manche était l'apanage des huit plus anciens gardes de la première compagnie, dite d'Havré ou de Crouy, ancienne compagnie écossaise, qui avait pris sa dénomination du grand nombre d'Écossais émigrés en France à

la suite des Stuarts, et dont beaucoup for-
mèrent alors le noyau de cette compagnie.

Les billets pour la salle des Maréchaux,
destinés au commun des martyrs, étaient
faciles à obtenir. Il n'en était déjà pas de
même pour les billets de galerie; mais avoir
des billets de travées pour se trouver au niveau
et sur le côté de la tribune royale, voir à son
aise S. M., les princes et les princesses pendant
tout le temps de la messe, était un véritable
tour de force. Les billets pour la première
travée, surtout, qui se trouvait la plus rappro-
chée de la famille royale, étaient excessivement
difficiles à obtenir. On y parvenait cependant,
et voici comment : tous ces billets étaient
délivrés par un ancien officier des Gardes-
du-Corps de Louis XVI, nommé M. L....., qui
avait son bureau dans l'appartement du Capitaine des Gardes de service. Aussi, quand on
répondait à la belle dame : « Oh! Madame,
ne craignez rien; je vais faire ma cour à

M. L..... » la dame en question ajoutait : « Oui, tâchez donc d'obtenir cela de Monseigneur... » Et le postulant de sourire à la méprise de la dame, qui s'imaginait que, puisqu'il s'agissait de chapelle, la distribution des billets était naturellement du ressort d'un évêque... Or le lecteur voit de reste que cet évêque portait épaulettes à graines d'épinards, et qu'il avait pour crosse une vieille épée d'avant la Révolution, religieusement conservée pendant l'émigration en Angleterre, revenue superbe en 1814, suivant encore son vieux maître à l'étranger en 1815, et revenue enfin au lieu de sa fabrication trois ou quatre mois après pour un service tout pacifique...

Quelqu'un a prétendu que M. L....., à son retour définitif en France, n'avait pas eu la curiosité de tirer cette vierge du fourreau pour s'assurer si, de fine lame qu'elle était jadis, elle ne serait pas devenue une rouillarde... Mais je n'ai jamais rien su de cette particularité, et il y a tant de mauvaises langues, que ma foi...

———

... Bonjour, mon colonel! — Ah! bonjour, mon cher, bonjour. — Mon colonel, il y a bien longtemps que je n'ai eu l'honneur de vous avoir à dîner. — C'est vrai, mon brave, c'est très-vrai. — Cependant Véry a d'excellents homards, comme vous savez. — Oui, vraiment. — Et je crois qu'il a encore de ce vieux Clos-Vougeot... — Vous croyez? — Voulez-vous que nous allions nous en assurer demain? — Attendez, mon cher, attendez! » Là-dessus M. L..... tirait son carnet de sa poche, mettait ses lunettes, et, après avoir consulté son *agenda :* « C'est impossible, mon camarade, c'est impossible! demain, mardi, je dîne chez M. de Blacas. — Voulez-vous mercredi? — Mercredi? (nouvelle consultation du carnet.)

Non : mercredi nous passons la journée à la campagne, chez madame de Gontaut. —Jeudi? —Pas davantage. Ce jour-là je dîne chez M. de Barive, le capitaine de la gendarmerie des chasses, le gendre de monsieur Moët. — Diable! prenez garde à vous, mon colonel. J'ai dîné chez M. de Barive il y a quelque temps; on y a fait des quatuors de basson, dont M. de Barive joue admirablement, et le plus jeune de tous les différents vins dont on a bu au dîner n'avait pas moins de cent ans. — Il est vrai que Barive a une bibliothèque souterraine admirable. — Eh! bien, voulez-vous que nous prenions jour pour vendredi. — Oh! non : vendredi est un jour maigre, et ce jour-là je dîne chez monsieur Frayssinous. — Ah! sans doute... fine cuisine ecclésiastique pour le jour d'abstinence... Eh! bien, accordez-moi le samedi. — Oui, va pour samedi : je ne vois rien d'écrit pour ce jour-là, et je vais vous inscrire sur mon calepin. »

On se doute bien que ce jour-là, après les huîtres et le certain homard, entre la poire et le fromage, et comme *compendium* du susdit Clos-Vougeot, arrivait la demande du fameux billet blanc pour deux personnes... Le colonel se faisait un peu prier; mais enfin, avec des ménagements et une tasse de moka bien parfumée, on l'amenait à vous répondre : « Eh bien! oui; mais pour demain en huit seulement, car pour demain tout est promis. — Oh! colonel, je n'aurais pas l'indiscrétion de rien demander pour demain. — Je vous écris donc pour deux places... cinquième travée. — Mon colonel, c'est la dernière... mettez donc au moins pour la quatrième... — Allons, parce que c'est vous, je mets pour la quatrième. — Garçon! apportez-nous donc de votre excellente anisette... Oh! mon cher colonel, si vous vouliez être bien aimable, vous mettriez pour la troisième... » Et ainsi, et ainsi, on allait *decrescendo* dans ses demandes réitérées; mais ce *decrescendo* était un *crescendo* véritable, et on arrivait enfin, en s'y prenant bien, jusqu'au *fortissimo*, c'est-à dire jusqu'au billet de deux places pour la *première travée*, qu'on allait chercher chez le bon colonel le samedi suivant, et qu'on portait triomphant chez la belle dame en question...

Cette haute faveur méritait bien une récompense... Le lecteur est jeune, ou il l'a été. Je le laisse donc décider ce que cette récompense pouvait être : il n'appartient à personne de révéler les secrets des dames, surtout quand on y est intéressé...

O beaux jours écoulés! O jeunesse passée, passée sans retour! Vainement nous essayons de reconstituer par le souvenir un temps heureux qui n'est plus. Le souvenir!... ah! chaque souvenir lui-même est un regret. Quand Cicéron me crie : *Sed tamen necesse fuit esse aliquid extremum ;* je lui répondrai que ce qui est aimable et doux ne devrait point finir, et je n'en trouverai pas moins d'amertume dans le souvenir d'une époque heureuse, qui n'est plus maintenant qu'une illusion... et encore, et encore... doit-on s'estimer privilégié quand, dans un âge avancé même, le cœur et l'esprit n'ont point vieilli, quand Dieu daigne nous faire trouver alors ce qu'on a vainement cherché jusque-là, et quand il nous réserve pour ce temps de maturité toute la sympathie, toutes les consolations qui eussent suffi à notre bonheur au printemps de la vie.

— « Mais ce voyage ! ce voyage d'artiste ! s'écriera le lecteur impatienté... — Eh ! mon Dieu, cher lecteur, prenez patience... D'ailleurs l'artiste n'est-il pas monté en diligence (car à cette époque il n'y avait pas d'autre moyen d'aller chercher au loin des émotions)? et il me semble qu'il vous a dit quelque part : *nous voilà partis !*

— Oui, oui, croyez cela, monsieur l'auteur. Sachez que cet artiste emballe toujours et ne part jamais. — Oh! bien, nous y viendrons. Il y en a tant d'autres qui partent sans rien dire, qu'il faut bien qu'il y en ait quelques-uns qui préviennent leurs amis longtemps d'avance, afin de donner à toutes les créances, grosses ou petites, le temps de se produire. Si tout le monde agissait ainsi, on ne verrait pas tant de gens prendre les trains de grande vitesse pour courir après des débiteurs oublieux et fugitifs. D'ailleurs, prenez la peine ou plutôt le plaisir de lire la vie et les opinions de Tristram Shandy, et vous reconnaîtrez que le héros du livre est à peine né à la fin du troisième volume. Vous voyez donc bien que...

CHAPITRE VI

—

Le chien de la Compagnie. — Diligences et haricot de mouton.

... Il s'appelait PELOTON, et, de mémoire
de chien, on ne sache pas que Peloton ait jamais manqué ni à un appel, ni à une manœuvre.
ni à une réunion quelconque, encore moins à
une garde montante. Il aimait tout le monde
dans la Compagnie, et tout le monde l'aimait.
C'était particulièrement au brigadier et aux
quatre hommes de garde au château de Saint-
Germain que Peloton s'attachait. Devinant, par
instinct, la nature de ses fonctions, Peloton
couchait au corps de garde. Il allait voir ses
amis ou les belles dans la ville; mais, à onze
heures du soir, moins quelques minutes, on

était sûr de voir rentrer mons Peloton au château. L'expérience lui avait appris qu'il ne fallait pas que onze heures le trouvassent en ville, parce qu'à cette heure on fermait la porte du château, et, comme le pauvre Peloton ne pouvait pas, ainsi que nous autres, gratifier M. Allain, le concierge, d'une *buona mano*, il était réduit, en cas d'oubli de sa part, à passer la nuit dehors.

Donc, à l'appel de quatre heures, après sa visite aux deux escadrons et ses gracieusetés à ses meilleurs amis, Peloton se mettait à la suite de la garde montante, qu'il accompagnait jusqu'au poste. Ordinairement, il dînait avec un des hommes de garde, devant chacun desquels il s'asseyait successivement, avec des yeux très-expressifs et un mouvement de queue qui en disait bien long... Quand, malgré toutes ses prévenances et ses gentillesses, la phrase traditionnelle n'arrivait pas : *Allons, Peloton, tu vas dîner ce soir avec moi,* — Peloton prenait son parti en brave et allait chercher pitance à la pension où l'ordinaire lui avait paru le meilleur. — C'était la pension de Mme Siraut.

Quand Peloton avait envie d'aller faire un tour dans la forêt, il attendait, à la grille du parterre, que quelque garde de ses amis se dirigeât de ce côté. Mais jamais il ne se permettait d'y aller seul. Il semblait deviner que les gardes-chasses lui eussent fait un mauvais parti. Ce n'était que par exception qu'il se lançait seul dans la forêt. Quand on y avait laissé ses gants, son mouchoir ou tout autre objet, on disait au bon animal, en lui montrant et lui faisant sentir un objet pareil : « Va chercher, Peloton, va ! sur la route du val ou dans l'allée de la Muette, va chercher ! J'ai perdu... » Et Peloton de prendre sa course... Une ou deux heures après, Peloton, qui avait fait gaiement sa ronde à la recherche de l'objet perdu, bravant la colère des gardes-chasses et leurs coups de fusil, vous rapportait ce que vous aviez laissé au pied de quelque chêne séculaire. Un jour il ne revint pas... On le croyait tué. Le garde-du-corps, qui l'avait envoyé en recherche, eut l'idée d'aller jusqu'à l'endroit où il avait jeté son mouchoir dans un fourré. Le mouchoir s'était accroché aux branches d'un chêne, et l'excellent chien était resté au pied de l'arbre, hurlant et sautant vainement pour atteindre l'objet de ses recherches.

Le pauvre Peloton est mort au champ d'honneur, dans la forêt du Vésinet, écrasé dans une charge..... Et que sont devenus ses tristes restes ? Dans la transformation complète qu'a subie cette forêt, au milieu d'un sol remué en tous les sens, couvert maintenant de charmantes *villas*, qu'a-t-on fait de la simple pierre tumulaire dont nous avions recouvert sa fosse ? Ah ! si du moins l'inscription touchante qu'on y lisait avait pu la sauver de la destruction et lui ménager un abri modeste dans quelque remise ou quelque grenier ! Elle était bien de nature, cette inscription, à parler à tout cœur un peu sensible :

Cɪ-ɢîᴛ PELOTON, *chien favori de la Compagnie de Gramont, mort à son poste, écrasé dans une charge, le 30 août 1826.*

Quant aux débris de notre pauvre ami, je n'ose trop penser à ce qu'ils peuvent être devenus, remués par quelque manœuvre grossier, chargés avec les terres dans un vulgaire tombereau. Où ont-ils été charriés, déposés ?... Cette idée est triste et affligeante. Il vaut mieux croire que la tombe du pauvre Peloton se sera trouvée comprise dans l'enceinte de quelque jardin, qu'une belle pelouse bien verte recouvre ses ossements, et que d'aimables enfants viennent jouer, insouciants comme on l'est à leur âge, sur la place où repose celui qui fut victime de son devoir, et qui aurait pu leur donner des leçons d'exactitude, d'attachement et de fidélité.

Enfin je l'ai dit, il y a déjà longtemps... *Nous voilà partis !*... Oui, enfin commence ce fameux voyage, si impatiemment attendu par quelques lecteurs, plus pressés d'arriver que l'artiste lui-même. Je fais grâce au public d'un voyage en diligence de Paris à Châlons-sur-Saône, quoique la diligence commence à être de l'histoire ancienne, à ce point que j'entendais l'autre jour un enfant demander à son père : « Papa, qu'est-ce donc qu'on appelait une diligence ? » Les personnes qui ont vu souvent les rosiers fleurir savent ce qu'étaient ces horribles véhicules, surtout ceux qui servaient et servent encore de moyen de communication entre les petites villes, véritables *cabrenauts*, partant de la rue Notre-Dame-des-Victoires ou de la rue du Bouloy, se faisant d'abord concurrence, cherchant à se dépasser mutuellement, au grand effroi et au grand danger des voyageurs, puis s'étant à la fin mis d'accord et associés.

Là, de pauvres gens, entassés comme des sardines, n'avaient la possibilité de faire quelques mouvements qu'avec la permission du voisin, à qui il fallait demander pardon de la *liberté grande* vingt fois par jour, et cent fois si c'était une dame.

Quant aux jambes, impossible d'en faire quoi que ce fût... Heureux les petits hommes !... A ceux-là du moins il n'était pas absolument interdit d'allonger leurs soutiens. Oh ! coffres affreux où vous étiez enfermés, pauvres captifs, tout en payant fort cher, sous la garde, conduite et domination d'un homme ordinairement noyé dans sa graisse, vêtu d'une veste bleue avec torsades noires, sur laquelle s'étalait majestueusement la plaque d'argent officielle, emblème de la position sociale et du pouvoir du susdit, lequel avait nom *conducteur*. On ne lui en connaissait pas d'autre dans ce coffre à plusieurs compartiments, qui composait tout le royaume de ce singulier autocrate. Dans les auberges même, dont la route était semée, on ne l'appelait jamais autrement, et, quand on entendait un voyageur l'appeler *Monsieur le Conducteur*, on était sûr que ce voyageur allait lui demander une faveur quelconque.

Le conducteur joignait à ses autres fonctions la haute surveillance de l'attelage et du *postillon*, autre type disparu, comme certaines espèces d'animaux antédiluviens. Nos petits-fils ne seront pas, je suppose, fâchés de savoir que le postillon était un personnage vêtu, aux grands jours, d'une veste très-courte hérissée de boutons et d'un beau collet rouge, sur lequel sautait, à chaque temps de trot de son *porteur*, une queue grosse comme le bras; et un spiri- tuel auteur de vaudeville l'a dit :

> ..... du boudoir la pommade exilée
> Se réfugie au dos des postillons.

Le reste de l'enveloppe d'un postillon se composait d'une culotte de peau et de bottes énormes, pesant chacune douze à quinze kilos.

Ces deux êtres, conducteur et postillon, êtres éminemment altérés, étaient to*jours d'accord et s'arrêtaient immanquablemer.. à tous les bouchons, pour *boire un coup*, au grand mécontentement des voyageurs, forcés de faire le pied de grue sur la route, malgré toutes leurs réclamations, jusqu'à ce qu'il plût aux deux puissances de la voiture de regagner leurs places, l'un sur son cheval, pour l'enfourchement duquel il lui fallait un peu d'aide, à cause de ses énormes bottes, l'autre sur l'impériale de la voiture.

Encore était-ce roses, que ces diligences faisant deux lieues par heure et marchant jour et nuit, en comparaison de ces anciens *coches* ne faisant par jour que leurs dix lieues, au pas, s'il vous plaît, et vous déposant régulièrement chaque soir en quelque gîte douteux, où vous vous trouviez pêle-mêle avec des rouliers, des porte-balles et des musiciens ambulants; où

8.

vous étiez censé dormir dans un galetas ouvert à tous les vents; sur un bois de lit dont une garnison nombreuse avait pris possession bien avant vous, et contre laquelle vous ne vous défendiez qu'à grand renfort de vinaigre; entre des draps humides, une fois trop étroits et deux fois trop courts, anciennes nappes hors d'usage; où vous étiez réduit au bouillon de l'avant-veille considérablement allongé, au mauvais vin du crû, à un haricot de mouton...

Qui pourrait le croire, qu'un souverain de notre siècle, malgré toute sa puissance, et précisément à cause de cette puissance, n'a jamais pu obtenir de voir paraître sur sa table un *haricot de mouton*, qui lui eût rappelé, disait-il, l'heureux temps de sa jeunesse... Son chef de cuisine se refusa toujours obstinément à lui faire préparer un tel mets, pour l'obtention duquel un artisan n'a qu'un mot à dire à sa *bourgeoise*. Le chef de cuisine y mettait autant d'entêtement que son maître, et pourtant le véritable maître ici fut le *maître-queux*. Un jour que le souverain insistait pour avoir enfin ce mets impossible, le chef récalcitrant déposa fièrement son grand couteau sur la table... « Non, Sire ! j'en demande bien pardon à Votre Majesté ; mais j'aime mieux lui rendre son couteau et *rentrer dans la vie privée*, que de voir un si puissant souverain dans le cas de rougir devant tant de rois, d'avoir à la tête de sa cuisine un chef qui se dégraderait au point de préparer un mets aussi grossier... Croyez-le bien, Sire, je me respecte trop pour mettre jamais la main à un *fricot de cabaret*. » Que répondre à de si bonnes raisons ? *Argumentum ad hominem...* Il n'y avait rien à répliquer ; aussi depuis ce jour mémorable, le monarque se le tint pour dit et n'en ouvrit plus la bouche. Soyez donc à la tête d'un État peuplé de trente-trois millions d'âmes : soyez donc le véritable souverain *in petto* de tant d'autres pays, élevez donc ou renversez les trônes autour de vous, pour ne pas..... Mais j'allais oublier que je me suis interdit de parler politique....

.... Ce serait cependant le cas, et sans transition, de parler du poulet froid qu'on servait tous les soirs à Sa Majesté, et qui ne fut pas présent à l'appel, un soir que le chef d'office mariait sa nièce...... Le monarque sonne, après avoir terminé un travail qui l'absorbait entièrement : « Mon poulet! » le valet de chambre court à l'office, et reste attéré quand un marmiton, oublié dans un coin, lui répond que le chef n'y a pas songé... Nouveau coup de sonnette : « Je vous ai demandé mon poulet. — Mais, Sire, répond le valet avec un aplomb admirable, Votre Majesté l'a mangé. — J'ai mangé mon poulet? En êtes-vous bien sûr? — Parfaitement, Sire, et à moins que Votre Majesté n'en veuille un autre..... — Non, non, si vous êtes certain que je l'ai mangé, tout est dit; mais, en vérité, je ne m'en souviens pas. »

CHAPITRE VII

—

Un notaire de Paris. — Dans la Saône.

Mais revenons à notre diligence. Un artiste
ne voyage pas comme un ambassadeur. Je
m'étais donc fourré sur l'impériale, en compagnie de Son Excellence le conducteur. J'aurais été assez bien là, n'eût été un malheureux étui de contre-basse, dont la tête, répon-
dant exactement à mon dos, me formait un
point d'appui assez désagréable, et j'avoue
que, bien que jouant quelque peu de ce gracieux instrument, j'envoyai plus d'une fois
celui-ci à tous les diables. Le conducteur avait
un chien qui prenait place près de nous. Il se
tenait assez tranquille sur son lit de paille;

mais, une fois arrivés à la dînée, il fallait au plutôt mettre *Bolivard* par terre. Aussitôt il courait à la cuisine, de la cuisine à la salle à manger; de là il allait vite à l'écurie voir si le postillon s'occupait des chevaux; puis il se mettait à la recherche de son maître, allait sentir l'un après l'autre tous les voyageurs qu'il avait l'air de compter. Enfin, de toute votre vie vous n'avez vu un être plus affairé. C'était un chien de l'espèce dite *chien-loup;* il était noir comme un charbon, et ressemblait beaucoup à un chien que M. Yver avait apporté à sa femme... Il faut vous dire que M. Yver, mon oncle par alliance, était notaire à Paris : c'était l'équité, la loyauté même, et, quand il se présentait un cas douteux ou embarrassant, on soumettait la chose à M. Yver, et ses collègues s'en rapportaient aveuglément à sa décision. Donc, un beau soir, M. Yver, rentrant pour dîner, va trouver sa femme dans le salon... « Figure-toi, ma bonne amie, lui dit-il, que j'ai vu au coin de notre rue (la rue d'Anjou, au Marais) un pauvre chien qui avait l'air bien malheureux. Il était assis sur un tas d'ordures, la queue entre les jambes, et hurlait d'une manière lamentable..... Des gamins lui jetaient des pierres; j'ai commencé par leur tirer les oreilles et par les chasser.

— Ah! mon ami, tu as bien fait.

— Puis, je me suis approché de la pauvre bête; je l'ai caressée, je lui ai donné un des biscuits que je t'apportais, qu'il a dévoré.

— Mon ami, ce fut une bonne pensée.

— Et puis...

— Et puis?

— C'est que je ne sais pas comment te dire cela...

— Dis toujours, dis toujours.

— Et puis j'ai réfléchi que ce pauvre animal allait passer la nuit dehors, mourant de froid; qu'il allait recevoir de nouveaux coups

de pierres, que peut-être les enfants le noie-
raient, et alors...

— Eh! bien, alors?

— Je l'ai emporté sous ma redingote.....
J'ai pensé que nous aurions bien pour lui un
petit coin et quelques croûtes de pain, quelques os.....

—Eh bien! mon ami, je t'approuve beaucoup.
Mais où donc est-il?...Voyons-le, voyons-le!... »
Et voilà M. Yver, triomphant, qui va dans son
cabinet, où il avait enfermé le chien, et en
amène une véritable horreur, un vieux chien
tout galeux..... N'importe, le pensionnaire fut
adopté. Mais voici bien une autre affaire : au
bout de trois semaines, ce fut le tour de ma
bonne tante d'amener à la maison un pauvre
vieil abandonné; puis M. Yver de recommencer
son acte de charité, si bien qu'à la fin il se
trouva là jusqu'à huit ou neuf pensionnaires à
qui l'on avait bien voulu accorder les invalides.

Un jour que M. Yver passait sur le pont

Saint-Michel, il voit beaucoup de monde attroupé sur le pont et sur le quai. Il regarde comme les autres... Que voit-il? Un malheureux chien sur un glaçon arrêté au-dessous du pont. La pauvre bête poussait des hurlements plaintifs.... Aussitôt l'excellent cœur de M. Yver s'émeut; il avise un commissionnaire. « Mon ami, lui dit-il, voilà cinq francs, procurez-vous un panier et une corde. » Le commissionnaire part, et au bout de quelques instants revient avec les objets demandés. Il descend le panier à l'aide de la corde; mais le chien refuse obstinément de prendre place dans ce véhicule d'un nouveau genre. La foule restait là, s'augmentant toujours, anxieuse de voir le résultat du sauvetage... Enfin M. Yver envoie chercher de la viande.... on la place dans le panier, et à peine celui-ci est-il descendu sur le glaçon que le pauvre chien, affamé apparemment, s'avance avec défiance et précaution d'abord, puis il s'enhardit, pose ses deux pattes de devant dans le panier... mais on avait prévu le cas : la viande était attachée. Enfin, pour pouvoir l'arracher, le chien monte dans le panier..., aussitôt le commissionnaire tire la corde, et le pauvre chien est sauvé aux applaudissements de plus de deux mille personnes. On peut bien penser que ce chien, qui n'avait plus qu'une mort affreuse en perspective, alla grossir le nombre des pensionnaires, sous le nom de *Sauvé*, dans la maison charitable qu'on aurait pu nommer : *Asile pour la vieillesse et le malheur*. M. Yver, du reste, était un type que le cher lecteur connaîtra peut-être avec intérêt. Déjà âgé, et voulant se retirer, il avait proposé à M. Grenier, son premier clerc, de lui céder son étude. — Dites-moi ce que vous en voulez, cher patron, et demain je me mettrai en mesure de vous apporter la somme?

— Je crois, lui dit M. Yver, que mon étude vaut bien 300,000 fr. (La charge de notaire n'avait pas alors la valeur inouïe qu'elle a acquise de nos jours.)

— Eh bien, je m'en rapporte parfaitement à vous; demain j'aurai le plaisir de vous apporter la somme, et l'affaire sera bientôt terminée.

Effectivement, le lendemain, M. Grenier arrive. Pendant qu'il comptait ses billets de banque, M. Yver lui dit : — Mon cher M. Grenier, vous m'avez demandé hier la valeur de mon étude; mais la nuit porte conseil; j'ai réfléchi à ce marché, et, tout bien considéré, je suppose que nous sommes en erreur d'une cinquantaine de mille francs.

—Qu'à cela ne tienne : mon cabriolet est à la porte; je cours chercher 50,000 francs de plus, puisque vous pensez que votre étude vaut ce prix; je vous l'ai dit : Je vous connais et je m'en rapporte entièrement à vous.

— Mais non, mon cher, vous vous méprenez, lui dit M. Yver. Si je vous ai parlé de

50,000 francs, c'est que je pense, tout calcul fait, que l'étude ne vaut que 250,000 francs.

M. Grenier restait saisi en voyant chez son patron tant et tant de loyauté..... En effet, M. Yver n'avait qu'à laisser faire son ancien clerc, devenu depuis son successeur. Il y allait pour lui d'une différence de 100,000 francs, mais il n'était pas de ceux qui transigent avec leur conscience et avec l'équité, et il pensait que ni 100,000 francs, ni tous les trésors du monde ne sauraient compenser une mauvaise action.

———

La route de Paris à Châlons-sur-Saône est assez monotone et n'offre rien qui puisse trouver place agréablement ici. Grâce à l'étui de contrebasse et à quelques autres colis aux angles saillants qui s'étaient ligués contre mon dos, j'étais brisé en arrivant à Châlons; mais une nuit passée dans un assez bon lit, il faut bien en convenir, eut promptement rétabli l'équilibre, et le lendemain, à cinq heures du matin, je mettais le pied sur le bateau à vapeur qui, descendant la Saône, allait nous transporter à Mâcon. Je voulais m'arrêter dans cette petite ville coquette; en conséquence, comme le bateau devait poursuivre sa route jusqu'à Lyon, j'avais prudemment indiqué au facteur mes effets, pour qu'il eût à les descendre. J'avais même eu la précaution de les réunir, et l'appel n'en était pas difficile à faire : un sac de soldat, une boîte à couleurs, un pliant et un paquet de livres que je devais laisser à Mâcon.

Le bateau à vapeur s'arrête, sur le commandement traditionnel *stopp*, prononcé d'une voix retentissante par le capitaine; on met la planche, et les voyageurs descendent. Un sort fatal veut que je sois un des derniers à quitter le bateau, et, à peine à terre, je m'aperçois que le facteur a oublié de descendre mon paquet de livres.... Je l'appelle ; mais dans la confusion d'une *escale*, il ne m'entend pas, et me voilà obligé de retourner au bateau. Les livres n'étaient déjà plus sur le pont..... Enfin, je trouve ce maudit facteur....

— Et mes livres?

— Ah! mon Dieu, c'est bien vrai!

Et le voilà qui se met en devoir de chercher le paquet, que le cuisinier du bateau, trouvant ce ballot de livres sur son chemin, avait déjà jeté dans un coin. Mais pendant ce temps, le capitaine, ignorant ce tripotage, avait fait lever la planche.... Le bateau marchait déjà....

— Pardon, capitaine; ayez la bonté de me faire mettre à terre, j'ai été obligé, par la faute de votre facteur, de revenir au bateau pour chercher le ballot que voici.

— Ah! ma foi, Monsieur, répond brutalement le capitaine, j'en suis fâché : nous voilà en marche, je vais vous emmener jusqu'à la première escale.

— M'emmener?

— Oui, Monsieur.

— Oh! capitaine, je ne ressemble pas à tout le monde, et on ne m'a jamais fait faire ce que je ne voulais pas. Je ne suis ici que par la négligence de votre facteur, et je ne dois pas porter la peine de sa faute. Voulez-vous me mettre à terre?

— Non.

— Une fois, deux fois, trois fois!... Vous ne voulez pas?

— Non.

— Eh! bien, je vous rends responsable de tout ce qui peut arriver.

Le bateau à vapeur côtoyait en ce moment même un gros bateau à large bord, chargé de charbon; sans tenir compte du double mouvement auquel j'allais obéir, je m'élance sur le bord du bateau à charbon... Mais je sautais perpendiculairement; le bateau à vapeur m'entraînait horizontalement... Pour ceux qui ont la moindre idée de statique, il était évident qu'entre deux mouvements contraires, j'allais prendre le mouvement oblique, ce qui ne manqua pas d'arriver, et le résultat fut mon immersion immédiate dans cinq mètres d'eau, où je fis le plus beau plongeon qui se vit oncques sous le soleil. Mais ce n'était pas le cas de perdre la tête, et, grâce à Dieu, je ne l'ai jamais perdue dans le danger. A peine dans la Saône, je me dis : « Garons-nous de la roue du bateau à vapeur... Le reste ira tout seul. » Aussitôt je me fourre sous le bateau à charbon et je laisse passer l'*Hirondelle*, car c'était son nom. Dans la position critique où je me trouvais, il me semblait que cette hirondelle aquatique ne justifiait pas trop son nom... Enfin elle passa, agitant près de moi les nombreuses palettes de son aile qui m'aurait broyé comme un verre, si j'avais eu la sottise de rester à sa portée.

Le bateau à vapeur passé, emportant le malencontreux ballot de livres, cause de cet épisode désagréable, je sortis de ma retraite, et, d'un coup de pied, je remontai à fleur d'eau au moment où un homme se jetait dans la rivière pour venir me chercher.... « Ne vous donnez pas la peine, lui criai-je, je me tirerai bien d'affaire tout seul. » Cela dit, je gagnai le rivage en nageant... Je trouvai là plusieurs personnes, qui dans leur empressement voulaient me faire mettre dans un lit bien bassiné, me faire boire du vin chaud et sucré.... Je me hâtai de les remercier de leurs soins, et, prenant, comme on dit, mes jambes à mon cou, je courus à la préfecture, tout mouillé que j'étais....

Je me suis souvent demandé ce qu'on entendait par ces mots : *Prendre ses jambes à son cou*, pour mieux courir... C'est qu'en effet, si, en renversant toutes les lois de l'anatomie, de la physiologie et de la mécanique, on pouvait attacher ses jambes immédiatement au-dessous de sa tête en supprimant tout le reste du corps, il est clair qu'on se rendrait infiniment plus léger ; mais il reste à savoir comment et à l'aide de quels agents on pourrait faire mouvoir ses membres inférieurs, et c'est une question qui m'a toujours paru très-difficile à résoudre.

Je ne terminerai pas ce chapitre sans m'appesantir avec mes lecteurs sur le bénéfice que pouvait me procurer une mauvaise tête, dont cependant je ne voudrais changer pour rien au monde, et il devrait ressortir, comme enseignement, du danger que je courais par mon étourderie et mon trop de vivacité, ce qu'on appelle un *avis au lecteur*.

CHAPITRE VIII

—

La note de la petite Rose. — Le cabinet des surprises.

10

. . . . . « Je désirerais pouvoir parler de suite à M. le Préfet! » Le concierge me regarde en ouvrant de grands yeux étonnés... Bref, à la vue de l'eau qui ruisselle de toutes parts sur ma personne, il me prend pour un fou, et, me tournant brusquement le dos, il va, sans mot dire, s'ensevelir dans un grand fauteuil de cuir adossé contre la cheminée... Ah! qu'au temps de la régence on se fût trouvé heureux de pouvoir *rouer de coups* un pareil *drôle!...* de le faire *mourir sous le bâton*, comme on disait gentiment... mais de nos jours il n'était pas question d'avoir recours à de pareils moyens. Toutefois, impatienté que j'étais, je commençais à élever la voix et à ne pas lui épargner des épithètes assez peu gracieuses, quand parut devant la loge un monsieur décoré, qui demanda très-poliment la cause de tout ce bruit. « Ma foi, Monsieur, lui dis-je, « c'est ce misérable concierge qui ne juge pas « à propos de me répondre quand je lui de-« demande à avoir l'honneur de parler sur-le-« champ à M. le Préfet. Il est pourtant assez « clair que je ne puis pas attendre longtemps « dans l'état où je suis. — En effet, je vois « qu'il y a urgence, répond mon interlocuteur « (que je sus depuis être le secrétaire général). « Venez avec moi, Monsieur, je vais vous con-« duire moi-même près de M. le préfet.

Ce n'était assurément pas le cas de dire là : *tel maître, tel valet,* car ce digne fonctionnaire me reçut avec les plus grands égards, me demanda de lui envoyer et mon adresse en ville et une note sur l'objet de ma plainte ; puis il m'engagea à aller bien vite quitter mes vêtements mouillés. Certes, je n'avais garde d'y manquer, et si j'avais eu hâte que M. le préfet me vît dans mon costume de triton, je n'en eus pas moins à courir prendre du linge et des habits qui n'eussent pas fait une connaissance aussi intime avec l'eau de la Saône que ceux collés sur mon individu.

Arrivé sur le port, il se trouva que la maîtresse d'un hôtel voisin du lieu d'embarquement avait fait rentrer *d'office* mon pauvre petit bagage, et, comme elle se doutait bien que, dans la situation nautique où il se trouvait, l'artiste ne manquerait pas de prendre très-prochainement le même chemin que son sac et sa boîte à couleurs, elle avait eu la bonne pensée...., que dis-je, la bonne triple pensée de me faire :

1° Bassiner un lit ;

3° Préparer un excellent potage ;

3° Chauffer une chemise et un caleçon appartenant à son frère.

10.

Il n'y a qu'une femme pour avoir de ces idées-là, de ces attentions si précieuses en pareil cas... si précieuses que, parfois, la vie est au bout...

Cette brave femme n'avait pas voulu qu'on se permît d'ouvrir mon sac, et avait bien prévu qu'avant que je l'eusse ouvert moi-même pour en tirer les vêtements les plus strictement nécessaires, j'aurais le temps de mourir de froid, ce qui eût rendu inutiles : 1ᵒ le bassinage du lit; 2ᵒ l'excellent potage. Il est vrai que ce dernier article n'eût pas été inutile pour quelque autre voyageur, affamé comme ils le sont tous.

Mais, voit-on d'ici toute la suite fâcheuse pour la maîtresse d'un hôtel en renom? D'abord, un homme mort chez elle... *Secundo*, toutes les conséquences d'un *incident* aussi désagréable : la police qui intervient d'abord; puis la justice, qui vient faire les constatations et les investigations de rigueur; puis les démarches nécessaires près de la famille du pauvre artiste; puis la foule idiote, envahissant pendant deux jours les abords de l'hôtel; puis les cancans, les *pourquoi*, les *car*, les *mais*, les *si* et les commères.

Je les entends (je ne les eusse pas entendues dans le cas susdit) : « C'est abominable! — « Ce pauvre homme!... — Ne pouvait-on pas « l'attendre, lui préparer un bon feu?... lui « faire chauffer du linge? — Moi, d'abord, j'au- « rais bien apporté une des bonnes chemises à « mon homme! — Et moi, un bon gilet de fla- « nelle, qui me vient de mon grand-père! — « Ah! fi, laisser mourir les gens comme ça! « ne m'en parlez pas.... »

Je ne dis pas que ce soit dans la prévision d'une telle kirielle de faits et de dits que la bonne hôtesse avait agi : non, je serais ingrat, et j'aime mieux attribuer sa charitable atten- tion à un bon cœur, qui n'a pas, du reste, cessé de se montrer tel pendant les cinq à six jours que j'ai passés chez elle; et le cher lecteur lui-même jugera cette excellente femme comme je l'ai jugée moi-même, et lui sera peut-être aussi reconnaissant, en faveur de son artiste, que le fut et le sera cet artiste, objet de soins si touchants, quand on saura qu'au moment où, sur le point de partir, il lui demandait sa note, elle lui répondit : « Monsieur, vous « êtes peintre pour les visages, les arbres et les « maisons; mon frère, qui est à Paris en ce « moment, est peintre en bâtiments; ça doit « être à peu près la même chose. Ainsi vous « êtes un confrère.... De plus, vous avez failli « vous noyer.... *Vous ne devez rien !* »

A ces mots, qui véritablement me pénétrèrent de reconnaissance, ma chère hôtesse effaça d'un coup de torchon une longue liste à la craie que sa jeune nièce avait dressée, derrière la porte de la cuisine, et qu'elle avait intitulée :

NOTTE DE M. L'ARTISSE.

1°. Blancisage d'une semise et d'un caneson
à papa. . . . . 8 sous.
1er joure. un potaje. . . . . . 6 sous.
couchés . . . . 1. » »

Le reste de la note à l'avenant. Il est clair
que la petite Rose était une fille d'ordre....
Heureux celui qui a obtenu sa main! Ce qu'il
y avait eu, pour elle, de plus pressé à mettre
sur la note de M. *l'artisse*, c'était le *blancisage
d'une semise et d'un caneson à papa*. Tout le
reste était secondaire pour elle....

———

Cependant, j'explorais la ville et ses char-
mants environs, dessinant ou peignant tout ce
qui en valait la peine. En véritable artiste qui
n'a point de rancune, ma grande colère passée,
je ne pensais plus ni au maussade capitaine,
ni à son bateau, quand mon excellente hôtesse

me remit un matin une grande lettre à enveloppe, ornée d'un immense cachet rouge, avec
ces mots sur l'adresse : *Cabinet du Préfet.* Mon
adresse était exactement mise : la lettre était
bien pour moi.... M. le Préfet m'invitait à me
trouver à midi dans son cabinet. « Ah! diantre,
me dis-je... j'y suis. C'est pour l'affaire du bateau à vapeur... « J'avoue que j'avais tout à
fait perdu de vue ce plongeon désagréable,
j'avais oublié net la recommandation de M. le
Préfet et n'avais songé ni à faire de note au
sujet de mon bain forcé, ni à envoyer mon
adresse à la préfecture. Mais il paraît que d'autres y avaient songé pour moi, et j'eus ainsi
l'occasion d'admirer une fois de plus les res-
sorts invisibles que fait jouer la police et les
fils dont elle vous enlace, le tout pour la plus
grande tranquillité et le plus grand bonheur
des honnêtes gens.

A midi donc, un huissier m'introduit, et je
trouve dans le cabinet M. le Préfet avec son

air bienveillant, le malencontreux capitaine, aussi penaud alors qu'il était arrogant sur son bord, et le facteur du bateau, tenant en main le malheureux ballot de livres, cause de tout ce désagréable épisode....

Bref, les faits exposés par l'artiste avec toute la simplicité et la modération possibles, lesdits faits confirmés par le pauvre facteur, qui reconnut, d'une voix très-peu assurée, qu'il avait eu tort, il fut dit : « que le capitaine était res-« ponsable de son facteur, et que, puisque par « son refus de rendre justice à la réclamation « fondée de l'artiste, il avait réduit ce dernier « à une résolution périlleuse pour lui, ledit « capitaine encourrait la punition qu'il avait si « bien méritée. » Attrape, Champagne!

Restons un moment sur une expression qu'on croit équivalente à celle de suspendu de ses fonctions : *il est mis à pied*. Je la trouve appliquée justement à un cavalier qu'on prive de son cheval pendant un temps déterminé;

mais mettre à pied un employé dans un bureau, le commis d'un magasin, etc., me semble un langage figuré un peu outré. Celui qui fait les courses pour une maison de commerce ou de commission ne sait que trop bien qu'il est toujours à pied, *id est :* sur pied.

Le mot de *suspension* ne serait-il pas mieux appliqué?... Je laisse aux érudits le soin de décider cette grave question.

Il existait dans l'hôtel un petit cabinet attenant à ma chambre, et dont les murs avaient été récemment recrépis par le plâtrier. C'était là mon petit atelier : j'y faisais sécher mes études peintes. Un jour que mon hôtesse et Mlle Rose étaient fort occupées de la mise en train d'une lessive, je décrochai subrepticement un lièvre et une perdrix appendus dans le garde-manger, et je m'amusai à les peindre sur le plâtre bien uni qui garnissait les murs du cabinet. Mon travail fini, je reportai à sa place le gibier, dont je mangeai ma part un ou deux jours après.

Mlle Rose, curieuse comme tous les enfants de son âge, me demandait souvent s'il ne fallait pas nettoyer le petit cabinet. Mais comme je ne me souciais pas qu'elle goûtât mes études à l'huile, *pour savoir si la peinture en était bonne*, de la même manière que Pierrot dans le *Tableau parlant*, c'est-à-dire en passant le doigt dessus, et traitant aussitôt ce doigt comme le traitent les enfants quand ils ont touché des confitures, j'avais grand soin, quand je sortais, d'emporter la clef du petit cabinet, que j'appelais en riant le cabinet des *surprises*.

Donc, au moment de quitter ma bonne hôtesse, et pour reconnaître son honnêteté, je m'avisai d'enfermer une belle pièce d'or toute neuve dans un morceau de papier portant cette inscription : *Pour mademoiselle Rose;* puis je clouai mon papier au mur, à l'endroit où se trouvait une des pattes de la perdrix. J'étais bien sûr que Rose ne manquerait pas de venir au cabinet aussitôt que je serais parti et qu'elle trouverait ainsi mon petit souvenir, comme j'étais bien certain également que sa tante, qui n'avait pas d'enfant et qui raffolait de sa nièce, serait contente du procédé de l'artiste, et je me les représente encore aujourd'hui toutes les deux, ouvrant de grands yeux et écartant les doigts de surprise, à la vue des deux pièces de gibier qui ornaient la muraille du cabinet, et qui, au premier aspect, semblaient avoir été oubliées là par le voyageur.....

C'est ce qu'en peinture on appelle un *trompe-l'œil*, et je ne le comprends guère qu'ainsi exécuté. Si la peinture est bien faite, la chose peut faire illusion; mais quelle illusion espérer pour le spectateur, s'il s'agit d'un tableau entouré d'une belle baguette dorée ?

CHAPITRE IX

—

Un filleul tombé du ciel. — Inventaire d'un shako.

J'avais résolu, d'après ce qui m'avait été dit
du pittoresque de la route de Mâcon à Lyon,
de faire à pied le trajet qui sépare ces deux
villes, m'arrêtant où je jugerais à propos de le
faire, pour peindre et dessiner tout ce qui en
vaudrait la peine. Je pris donc congé de ma
bonne hôtesse, et me disposais à quitter la
ville, accompagné que j'étais par un neveu de
M. Victor Bertin, mon professeur de paysage à
l'huile. J'avais longtemps travaillé dans son
atelier avec l'excellent et brave Joseph Mayran,
sitôt enlevé à l'armée, à sa famille et à ses
amis; Mayran, qui, sans cette mort prématu-

rée, eût aisément pu prétendre au bâton de Maréchal de France.

Au moment où je quittais M. Bertin neveu, celui-ci me dit assez haut : « Allons, adieu, T..., bon voyage, et donnez-nous de vos nouvelles! » A ces mots, voilà cinq ou six jeunes gens, marchant devant nous, qui se retournent... L'un d'eux, un blondin, plus jeune que tous les autres, se jette à mon cou, en s'écriant : « Mon parrain!... Mon cher parrain! Que je vous embrasse! Quel bonheur! Quelle heureuse rencontre! » A ces mots, tous les autres jeunes gens de s'écrier en chœur : « C'est son parrain! c'est son parrain! » Et les voilà qui m'entourent, qui me serrent les mains.... Moi je restais tout surpris et interdit; ce que voyant, mon filleul présumé me dit : « Vous êtes bien M. Émile de T..., de « Moulins! — Oui, répondis-je. — Rappelez- « vous 1819 et votre séjour à Lyon, où vous « étiez en garnison.... Rappelez-vous Félix D....

« sergent-major, ainsi que vous, à la légion de
« l'Allier.... Enfin, rappelez-vous la pauvre Ma-
« riette B***. — Oui, dis-je; il me souvient
« parfaitement de tout cela. — Eh bien, je suis
« le fils de Mariette; vous êtes mon parrain; et
« vous m'avez nommé Émile comme vous! —
« Parbleu, tout cela est exact! Embrassez-moi
« donc encore, mon cher filleul, et puisqu'un
« heureux hasard me fait vous rencontrer, je
« diffère mon départ d'un jour. Nous allons
« passer cette journée ensemble, et vous allez
« me mettre au courant de ce qui vous con-
« cerne. » Alors voilà mon filleul qui s'empare
de ma boîte à couleurs; un de ses compa-
gnons me débarrasse de mon sac, un autre, de
mon pliant, un autre de mon parapluie, si
bien que, comme dans la chanson de M. de Mal-
brough, je ne portais plus rien. Bref, nous
revenons en ville. Mais je ne voulus pas retourner chez mon hôtesse : y reparaître avec une
aussi nombreuse compagnie, d'après sa con-

duite généreuse à mon égard, eût été plus qu'une indiscrétion. Je menai donc cette jeune et joyeuse bande chez un restaurateur modeste, qui ne nous en servit pas moins un bon déjeûner, à la suite duquel les jeunes oiseaux s'envolèrent, après maints remercîments au parrain-amphytrion; ils allaient, disaient-ils, au théâtre, à la répétition, et moi, resté seul avec mon filleul, je le pressai de me raconter ses aventures. « Elles ne sont ni bien longues « ni bien gaies, me dit-il tristement. Peu après « ma naissance, j'eus le malheur de perdre « ma mère, qui était, comme vous vous en « souvenez sans doute, ouvrière en soie, ou « *canuse* (c'est le mot du pays). Ma grand'mère « m'éleva comme elle put... Ayant pris de « l'âge, j'écrivis à mon père plusieurs lettres « auxquelles il n'a jamais répondu. Cependant « l'état de ma mère, que j'avais embrassé, me « rapportant à peine un morceau de pain, et la « faiblesse de ma constitution ne me permet-

« tant pas de rester plus longtemps cloué sur
« un métier, je me suis décidé à me livrer au
« théâtre, pour lequel je me sentais quelques
« dispositions et beaucoup de goût. — Diable!
« dis-je, mon cher filleul, si vous avez quitté
« un métier dans lequel il y avait à peine du
« pain à manger, vous en avez embrassé un
« dans lequel il y a tout au plus de l'eau à boire,
« et qui est semé d'écueils de toute sorte. —Oh!
« mon cher parrain, reprit-il avec une candeur
« charmante, j'ai confiance en Dieu! Il a rempli
« mon cœur de bons sentiments, et j'ose espé-
« rer qu'en me conduisant en honnête homme
« je réussirai là comme ailleurs. — Courage
« donc, mon cher filleul! Puisque votre père,
« qui le pourrait cependant, ne veut rien faire
« pour vous, je vous aiderai autant que cela
« dépendra de moi. Et si, étant artiste moi-
« même, je ne puis pas faire pour vous tout ce
« à quoi m'engagent mon devoir et les bons sen-
« timents où je vous vois, au moins trouverez-

« vous toujours en moi un véritable et sincère
« ami. — Je n'en demandais pas davantage à
« mon père, reprit-il en essuyant ses larmes, et
« cependant je n'en ai jamais obtenu un mot
« d'affection; mais puisque Dieu permet que je
« retrouve un bon parrain et un ami, je tâche-
« rai d'oublier que je n'ai point de père... »

J'avoue que j'étais tout attendri de ce que
me disait ce brave garçon... Je fis deux parts
de ce que j'avais dans ma bourse, lui conseil-
lant de persévérer dans ses bons sentiments.
Je l'encourageai; je lui dis, avec quelque raison, qu'il ne fallait pas se dissimuler que, pour
réussir dans la profession qu'il avait embras-
sée, il y avait rudement à travailler; mais
enfin qu'avec des dispositions, du courage et
de la bonne volonté, on venait à bout de per-
cer là comme ailleurs. Je l'engageai beaucoup
à fuir la mauvaise compagnie, qui le détour-
nerait de ses devoirs et de ses travaux. Enfin,
après nous être promis réciproquement de

nous écrire, nous nous donnâmes un dernier embrassement, et je quittai ce pauvre garçon, non sans prier Dieu de le protéger, de le bénir, emportant avec moi cette consolation qu'il se savait maintenant un ami au monde, et qu'ainsi il se trouverait moins isolé, moins malheureux qu'auparavant (1).

Il est bien rare que j'aille à mon but par le chemin que je me suis tracé d'abord, et, comme je crois y avoir déjà un peu habitué le lecteur, il ne sera pas du tout surpris de savoir qu'au lieu de prendre, comme on dit, mon

(1) Mon filleul m'a tenu parole : il est resté dans le juste, dans le bien; il a travaillé, est devenu un artiste de talent, aimé du public comme artiste et comme homme privé; il s'est marié, et dirige en ce même pays de Bourgogne une troupe d'élite.

cabriolet à deux jambes, et de me rendre à Lyon par terre, je m'abandonnai une fois encore à ces légères *hirondelles*, dont l'une avait failli m'être si funeste. Mon filleul m'avait d'ailleurs tellement vanté les charmes d'un tel trajet par bateau à vapeur, qu'il n'y eut pas moyen de résister aux tentations qu'il m'avait données. Seulement, j'eus soin de réunir dans un coin du bateau mon modeste bagage, afin de l'emporter moi-même en débarquant.

Je ne tardai pas à reconnaître que mon filleul m'avait dit vrai. Un délicieux panorama, les sites les plus riants, les plus pittoresques, se déroulent continuellement sous vos yeux. Cette suite non interrompue et variée de jolis coteaux, de maisons de campagne, de bosquets d'un vert d'émeraude, est bien faite pour jeter dans le ravissement. Aussi, enchanté que j'étais de tous ces merveilleux tableaux qui se succédaient devant moi, mes crayons restaient dans ma boîte, et mon album, par une lacune regrettable, a-t-il souvent eu l'air, depuis ce temps-là, de me reprocher mon inaction.

Quoi qu'il en soit, après un trajet trop court pour mes désirs d'artiste, nous arrivâmes à Lyon sans aucun accident notable, et, à peine débarqué, je me dirigeai vers l'hôtel de ***, un grand et bel hôtel, parbleu. J'avais logé là autrefois, car le lecteur sait déjà qu'en 1819, je m'étais trouvé en garnison à Lyon, avec le régiment auquel j'appartenais. L'habillement de l'infanterie française, à cette époque, présentait une grande bigarrure entre les différents régiments, et rappelait assez malheureusement celui de nos amis les ennemis. En effet, avec nos habits blancs à revers et retroussis de couleurs variées selon les légions, nos pantalons blancs collants, et la guêtre noire montant jusqu'au genou, on nous eût volontiers pris pour des Autrichiens. Notre shako, non plus, n'était pas très-heureux dans sa forme : il tenait un peu des anciens *shakos-tromblons* dont l'usage était général parmi les troupes d'infanterie de ligne et d'infanterie légère, sous le règne de Napoléon Ier. On retrouve de temps en temps un spécimen de ces shakos - tromblons chez les marchands de vieux habits, et l'on se demande comment un meuble aussi incommode pouvait garder cinq minutes son équilibre sur la tête d'un fantassin. Au moindre vent, les jugulaires devenaient bien vite indispensables. Il est vrai de dire que ce shako fantastique était un trésor pour le soldat, auquel il servait de porte-manteau.... J'eus la fantaisie de passer l'inspection du coutenu du shako de mon brosseur, un jour qu'il m'avait demandé la permission de l'appel de quatre heures, pour aller se promener avec sa particulière, une jeune fleuriste qu'il courtisait pour le bon motif, et qu'il comptait bien, un jour ou l'autre, disait-il, voir figurer sur les contrôles du bataillon, comme vivandière, à ce point qu'il suivait le cours des eaux-de-vie avec un soin et une attention qui promettaient un homme d'ordre et tout entier à son affaire.

Or, voici ce que contenait ce merveilleux shako : une cuillère d'étain, un mouchoir de poche, un peigne, deux pommes de reinette, un bâton de cire à giberne, une demi-douzaine de noix, une paire de ciseaux, une brosse à souliers, un morceau de cervelas et un fromage cylindrique dit *bondon*, enveloppés ensemble dans une feuille de chou, un couteau et un morceau de craie. J'avoue que ce dernier article m'intriguait beaucoup, car pour ce qui était du blanchîment de la buffleterie, il y avait dans chaque chambrée un pot de blanc liquide destiné à cet usage, et dans lequel tout membre de la compagnie pouvait puiser à volonté. Enfin, ne pouvant résoudre seul ce problème, je demandai à Durand ce qu'il comptait faire de ce morceau de craie, l'usage du reste me paraissait suffisamment démontré. Durand aurait bien voulu éluder la question, à ce que je pouvais connaître : je voyais bien qu'il cherchait dans sa tête quelque réponse qui pût me donner le change; bref, comme j'insistais, et qu'il n'y avait pas dans cette tête autant de choses qu'il s'en trouvait dans son couvre-chef, le pauvre Durand m'avoua en balbutiant que c'était pour écrire son chiffre et celui de son amoureuse sur les plus beaux arbres des Brotteaux, aux montagnes russes et à Paphos (1).....—A Paphos!... Durand à Paphos! Durand valsant et dansant la galoppe (2) avec ses gros souliers!... Durand, nouveau *Médor*, traçant sur les arbres son chiffre et celui de sa belle, entrelacés!... C'était fabuleux! Néanmoins je tâchai de ne pas rire, et, pour tenir compte à Durand de sa complaisance, et de l'inventaire qu'il m'avait permis

(1) C'était une salle de danse.
(2) Danse favorite de l'époque.

de faire du contenu de son bazar, je lui dis que, puisqu'il en était ainsi, à la permission de quatre heures se joindrait celle de l'appel du soir; que j'allais la demander pour lui au capitaine, mais qu'il fût exactement rentré au quartier au coup de dix heures. — « Oh! major, ne craignez rien, me dit-il en sautant de joie... Je suis trop content pour y manquer... » Pauvre garçon! huit jours après il était tué par la chute d'une poutre en portant secours dans un incendie.

J'ai souvent admiré, envié même, la grosse joie de nos soldats, avec leur ordinaire modeste et leur paye plus modeste encore, et je n'ai pas moins admiré leur dévouement toutes les fois qu'il y a lieu de le mettre à l'épreuve. En effet, le budget d'un simple fusilier n'atteint pas des proportions gigantesques. Je surpris, un jour, un autre soldat de la compagnie dans laquelle je servais, en train d'écrire sur une table, avec un morceau de charbon, ses recettes et ses dépenses : je transcris mot pour mot, en conservant son orthographe, qui offrait beaucoup de ressemblance avec celle de Mlle Roze.

Resette.	**9 sous.**

Dépance :

Masse de linge et chossure. . .	**2 sous.**
A l'ordinère.	**6 sous.**
File, éguil, sire à giberne, paille de fer, blant d'Espagne, sirage, eqcétéra.	**1 sous.**
Menu plezire, régalade avec lé zamis, petits cadaus, promenade en coucou, galette, suc d'orge, dance et pestaque avec Francine, eqcétéra.	**0 sous.**
Total égau.	**9 sous.**

J'ai fait de celà, plus tard, le sujet d'une lithographie, le *Budget de la journée d'un soldat*, à laquelle je donnai pour pendant le *Budget de la journée d'un ministre*. Toutes deux eurent un certain succès chez Martinet, l'éditeur de la rue du Coq.

CHAPITRE X.

Le bain dans un puits. — Un bas-bleu.

Cependant je voulais retrouver mon Lyou de 1819... Aussi, je passai toute la journée sur pied, parcourant les rues, les quais, les ponts, revoyant avec plaisir la place des Terreaux, la place Bellecour, et les divers monuments que je saluais comme d'anciennes connaissances. Bref, la nuit venue, je gravis la côte Saint-Sébastien, et me trouvai vis-à-vis notre caserne, ancien couvent des Collinettes, située à mi-chemin de la place des Feuillants et de la Croix-Rousse. Je reconnus bien là notre ancienne demeure, avec sa terrasse longeant la rue des Fantasques. Je revis les bâtiments du pensionnat de demoiselles, dans leur situation exceptionnelle, tout près et en face d'une caserne. Un des caporaux de garde m'assura que le puits mitoyen entre la caserne et le pensionnat existait encore... Ce puits était séparé, dans son centre, par une porte fermant à clef. Or, il ne fallait qu'une clef valant 1 fr., et un peu de courage. Un de nos sergents-majors, nommé M....., possédant l'un et l'autre, rôdait quelquefois autour de ce puits... Une belle nuit on entend le bruit de la chute d'un corps lourd, bruit suivi de cris de détresse... Le sergent de garde qui se promenait dans la cour du quartier, accourt, et, guidé par les cris, va droit au puits dont il fait rapidement descendre la corde, à l'aide de laquelle il remonte bientôt notre M....., plus mort que vif, et trempé jusqu'aux os. Le pauvre diable en fut quitte pour huit jours de salle de police, un bain forcé, et de fortes contusions. Comme en apprenant cet événement, une demoiselle de la pension se trouva mal, ses parents, jugeant qu'elle avait besoin de changer d'air, la mirent dans un couvent. Toujours est-il que le fidèle M....., loin d'être refroidi par son bain intempestif, retrouva un beau jour Mademoiselle *** dans une église, s'en fit reconnaître, et, comme dans l'intervalle cette demoiselle était devenue maîtresse d'elle-même, notre sergent-major se retira du service et l'épousa, absolument comme dans les vaudevilles et les romans.

Cependant j'étais resté devant la porte de la caserne, absorbé dans mes réflexions, songeant à mes plus jeunes années, à cette guitare à l'aide de laquelle je cherchais à attirer les regards de quelques-unes de ces demoiselles, quand tout à coup la porte du quartier s'ouvrant, il en sortit un officier précédé d'un fusilier qui portait une lanterne. Cet officier, me voyant planté là comme une statue, me dit brusquement :

— Que faites-vous là?

— Ma foi, mon officier, en ce moment je vis de souvenirs : comme j'ai été caserné là en 1819...

— Ah! en 1819? Et dans quel régiment?

— Dans la légion de l'Allier.

— Eh! parbleu, j'y étais aussi.

Plus j'entendais parler cet officier, plus il me semblait reconnaître sa voix... Enfin, aux derniers mots qu'il me dit, je m'écriai :

— Eh! que diable, c'est Bénard!

— Assurément, reprit-il... Et vous, n'êtes-vous pas T...

— Oui, certes!

— Eh! donc, embrassons-nous!

Et nous voilà aussitôt dans les bras l'un de l'autre, à la grande stupéfaction du soldat *Lucifer*. Alors Bénard m'apprit que de sergent-major qu'il était au régiment, il avait été fait sous-lieutenant, puis lieutenant-adjudant de la place de Lyon, et qu'actuellement il faisait sa ronde de nuit.

— Je ne puis pas rester plus longtemps avec vous en ce moment, ajouta-t-il, il faut que je fasse mon service. Mais je demeure rue Griffon, n° 7. Venez à dix heures, je serai rentré ; j'ai un lit à votre service, et demain je vous ferai connaître Mme Candi, mon hôtesse, et sa fille Athénaïs, un bas-bleu distingué, qui fait des vers aussi beaux que ceux de Casimir Delavigne.

Je le remerciai beaucoup, en lui disant que j'étais logé ; mais nous nous promîmes de passer la matinée du lendemain ensemble, et nous nous séparâmes après être convenus de nous trouver à neuf heures à l'hôtel du Parc, pour déjeûner, et qu'ensuite il pourrait me présenter à son bas-bleu.

———

J'eus grand tort de n'avoir pas accepté la proposition de Bénard, car une garnison nombreuse avait pris possession, bien avant moi, de la chambre et du lit qu'on m'avait donnés à l'hôtel : aussi il me fut impossible de fermer l'œil, ce dont je me plaignis à mon hôte le lendemain matin. Mais M. Raynaud, me regardant d'un air bonasse, me répondit avec le plus grand flegme du monde qu'assurément je me trompais et que son hôtel ne renfermait pas plus de ces parasites ·incommodes que les meilleures maisons de Lyon ; sur quoi je frémis malgré moi, en songeant, d'après cet exposé, à l'effroyable quantité de ces vilaines bêtes que devait contenir la ville. Les nombreuses ampoules que je portais sur ma peau auraient bien pu servir à donner à M. Raynaud le plus éclatant démenti ; mais je réfléchis que, par amour-propre, *il n'aurait pas voulu les voir*, et qu'ainsi il valait mieux ne rien dire, puisque je devais prendre mon vol pour Avignon dès le lendemain matin, et que, pour cette nuit du moins, je comptais demander gîte à mon ancien collègue.

Il fut exact au rendez-vous et me fit les honneurs du déjeûner, après lequel nous gagnâmes la rue Griffon... C'était une singulière personne que cette demoiselle Athénaïs Candi. Figurez-vous, lecteur, une grande fille d'environ quarante ans, longue, maigre, jaune, droite comme un jonc, raide comme une barre de fer, emmaillotée dans une robe noire rapée et raccommodée par places avec du fil blanc (comme les portait Mme de G..... à Sainte-Perrine, dans les dernières années de sa vie), ayant aux pieds de vieilles pantoufles en tapisserie, deux fois trop grandes pour ses pieds, héritage sans doute de son grand-père... Lorsque nous entrâmes, Mme Candi tricotait, et Mlle Athénaïs était assise près d'une petite table surchargée de papiers. Sa main droite tenait une plume, et son bras gauche, appuyé sur la table, soutenait sa tête, de laquelle s'élançait un nez formidable et menaçant, et que couronnaient de longs cheveux noirs passablement en désordre. Mlle Athénaïs composait... Aussi, il était manifeste que nous la dérangions : elle nous le donna assez à connaître par sa froideur, tandis que la pauvre mère se confondait en politesses et en excuses. Cependant Bénard s'avise tout à coup de dire au bas-bleu que son ami se mêlait aussi de faire des vers... Oh ! lecteur bienveillant, vous avez déjà vu bien des choses, mais jamais vous n'avez vu un coup de théâtre aussi complet : ce fut un véritable changement à vue..

« — Ah ! dit la nymphe, Monsieur est poète?

« — Je n'ose prendre cette qualité, Mademoiselle ; mais il est vrai que j'ai quelquefois composé d'assez mauvais vers,... ancienne manie d'écolier.

« — Allons, allons, point de fausse modestie : Monsieur est sans doute bien dans le cas de prouver qu'avec le temps les écoliers deviennent des maîtres. C'est comme tel que je vous accepte, ajouta-t-elle en souriant, et si vous vouliez bien me considérer comme une élève, je m'estimerais heureuse de vous faire connaître une ou deux de mes productions, et plus encore d'obtenir votre suffrage. »

Ce petit discours me paraissait assez bien tourné, mais il n'en allait pas moins droit au but, qui était de nous *enchanter* par la lecture de ses vers... O poètes ! vous serez donc toujours et partout les mêmes ! Enfin, après l'avoir assurée qu'elle nous ferait grand plaisir, elle nous récita de mémoire et avec un accent tragique, une pièce de vers d'une étendue convenable et véritablement très-bien faite. *Brise du soir...* c'était son titre, présentait une suite de fort jolis tableaux, et je m'étonnais de trouver tant d'imagination et des couleurs si riantes sous une enveloppe assez peu favorable, il faut bien le dire. Nos applaudissements et nos éloges n'étaient donc que justice, et Mˡˡᵉ Athénaïs, les recevant avec modestie, me dit que, puisque la carrière était ouverte, et qu'elle l'était par une dame, j'étais trop galant, sans doute, pour ne pas suivre son exemple. Sans chercher alors à faire des façons inutiles, je me recueillis quelques instants, et tirai bientôt de ma mémoire les vers suivants, que j'avais composés depuis quelques années, les seuls dont je pusse me souvenir assez pour pouvoir les dire sans broncher en route...

La branche de Troëne.

Rameau flexible
Qui, dans nos bois,
Vit tant de fois
Un cœur sensible
D'un autre cœur
Combler l'ardeur,
Dans le bocage
Qui te trouva?
Qui te priva
De ton feuillage?
Quelque élégant

Du voisinage,
Qui, méprisant
Ton frais ombrage,
Vint à la cour
A noble dame
Parler d'amour,
Dont ce séjour
Éteint la flamme
En moins d'un jour.

Branche légère,
Dans le mystère
Des bois touffus,
Ne verras plus
Sous la coudrette
De la fauvette
Les doux ébats;
Plus n'entendras
De Philomèle
Les longs propos
Dire aux échos
Qu'elle est fidèle.
Ta fleur nouvelle
Plus ne verra
Fille jolie
Qu'on adora,
Mais qu'on oublie,
Et qui, le soir,
D'un vain espoir

Nourrit encore
Pour son amant
Le feu brûlant
Qui la dévore.

Pauvre rameau !
Loin du hameau
Le sort t'exile...
Mais à la ville
Tu brilleras :
Tu paraîtras
Dans le grand monde,
Source féconde
De beaux parleurs,
D'amis trompeurs,
Et de flatteurs
Et de coquettes.

Pauvre rameau,
Qui tant regrettes
Et ton coteau
Et ton ruisseau
Et ta verdure,
Tu vas souffrir
Plus d'une injure.
Tu vas servir
De contenance
A l'ignorance

De quelque fat...
Mais à l'ingrat
Au cœur volage
Quand tu déplais,
Ton bois, si frais,
D'un sot laquais
Est le partage.

Pauvre rameau,
Jadis si beau,
Qui savais plaire
A la bergère,
Bientôt, hélas !
Tu deviendras
Vile baguette....
Pauvre rameau !
Un sort nouveau
A la vergette
Va donc t'unir...
Malgré ton zèle,
Tu dois finir
Bien avant elle,
Et quelque enfant,
Vif et folâtre,
En badinant,
Au sein de l'âtre
Te jettera,
Et de la tige
Aucun vestige
Ne restera !

J'avais à peine récité ces vers, que Mlle Athénaïs se leva enthousiasmée, les applaudissant outre mesure, et me demandant en grâce la permission d'en prendre une copie... « Comment, me dit-elle dans son langage poétique, « sur une aussi petite chose que ce rameau « avez-vous pu assembler tant de fleurs pour « en tresser cette jolie couronne ? » J'avoue que j'étais confus de ces éloges présentés avec tant d'esprit, et je remerciais cette demoiselle de mon mieux, quand un bruit épouvantable se fait entendre au-dessus de nous... On eût dit que la maison se renversait de fond en comble. Nous restons immobiles de terreur, et, le premier moment de stupeur passé, nous nous élançons dans l'escalier pour reconnaître la cause de ce bruit épouvantable...

CHAPITRE XI.

—

Au café!... — Lyon.

L'escalier était entièrement envahi par un
nuage de poussière à travers lequel nous passons, Bénard et moi, et, montés au sommet de
l'escalier, nous reconnaissons qu'une mansarde
était tombée, contenant et contenu, dans l'é-
tage au-dessous... Ce contenu était tout un matériel d'imprimerie, c'est-à-dire une masse de
caractères formant un total excessivement
lourd, et que, par une imprudence inconce-
vable, on avait juché dans cette mansarde,
sans s'inquiéter si le plancher offrait la somme
de résistance nécessaire. Fort heureusement,
les locataires de la chambre si étrangement

visitée étaient absents ; c'était un ménage sans enfants : le mari employé comme relieur et la femme comme couseuse dans le même atelier. La seule victime fut un pauvre chat, commensal du logis. Quant au désordre, au tohu-bohu qui dut exister parmi tant de petits caractères, je laisse au lecteur à le supposer, au gré de son imagination, comme nous laissâmes au propriétaire dudit matériel, prévenu aussitôt, le soin de se débrouiller au milieu de cette avalanche de caractères.

Bénard voulait m'entraîner au café pour y finir, disait-il, notre journée ; mais je déclinai bien vite cette invitation... Je voulais profiter de mon temps pour dessiner quelques vues sur la Saône, notamment le pont de pierres, construit avec des débris de construction romaine, le joli coteau sur lequel est situé l'hospice de l'*Antiquaille*, et que domine l'église de Fourvières, d'où l'on jouit d'un des plus beaux panoramas qui existent au monde. D'ailleurs, qu'aller faire au café? Y traîner son ennui, y perdre son temps, s'abrutir sous la funeste influence de la fumée de tabac, soit que l'on contribue soi-même à la produire, soit qu'on se borne à un rôle passif et à humer la fumée des autres ; laisser une partie, si faible qu'elle soit, de son intelligence au fond de chaque verre de bière ou d'absinthe; ajouter à cette perte celle non moins réelle d'une partie correspondante de santé que vous dérobe cette dernière liqueur ! Liqueur affreuse, dont beaucoup de gens font malheureusement un grand usage maintenant, et dont l'abus ne va rien moins qu'à conduire à la folie ses partisans outrés, devenus ses victimes. « Non, non, lui « dis-je : il est pour l'homme des plaisirs plus « vrais, des jouissances plus réelles, et dont il « vous reste plus tard des souvenirs utiles. J'ai « le bonheur de les connaître... Laissez-moi « les goûter. Je vous attendrai à six heures, à « l'hôtel du Parc, pour dîner ; j'accepte votre

« cordiale hospitalité pour mon gîte de cette
« nuit, et demain matin, à cinq heures, je vous
« fais mes adieux et je m'embarque pour des-
« cendre le Rhône avec le bateau à vapeur. »

C'est une étrange ville que ce Lyon, cité
éminemment industrielle, où battent presque
jour et nuit cent mille métiers, métiers auxquels
l'immortel Jacquart fit subir tant de changements si avantageux pour les ouvriers, et autour
desquels s'agite une immense population des
deux sexes. Lyon, situé entre deux rivières assez
rapprochées l'une de l'autre, est obligé de s'allonger comme un serpent, menacé qu'il est
tantôt par la crue de la Saône et tantôt par celle
du Rhône, fleuve rapide, aux eaux claires
et dures, bien autrement redoutable que sa
jaune et paisible voisine... je dis paisible... ordinairement, car lorsque cette dame prend sa

crinoline, Dieu sait tous les malheurs qui ré-
sultent de cette soudaine enflure. Par bonheur,
il existe, de longue date, entre ces deux dangereux voisins, un compromis par lequel l'un ne
doit jamais grossir en même temps que l'autre ;
différemment, le jour où fleuve et rivière se
mettraient en colère à la fois, on pourrait dire
de Lyon, de la seconde ville de l'Empire :

« Je n'ai fait que passer, il n'était déjà plus ! »

Du reste, s'il existe encore, ce n'est pas la
faute de Dubois de Crancé... Je parle du fils, de
ce véreux qui fut la honte et le malheur de sa
famille, car le père, chevalier de Saint-Louis et
gouverneur de la Champagne, sous Louis XV,
était un homme très-distingué et excessivement
recommandable. Il suffit de voir le portrait au
pastel qu'en a fait Latour, en lui donnant un
costume de pèlerin, selon la mode du temps,
costume avec lequel jure passablement le ruban

14.

rouge de sa croix de Saint-Louis, pour juger le fond de son âme... car, on a beau dire, l'homme moral laisse sur son enveloppe physique, comme sur une cire molle, une empreinte indélébile. La farine ne *déteint*, ni comme le charbon ni comme l'indigo, sur le sac qui la contient, et, pour qui sait observer, on trouve *toujours* sur les traits d'un individu quelconque les signes correspondants de l'état habituel de son âme et de son esprit. Cette vérité ne peut être contestée que par ceux qui sont intéressés à la faire passer pour mensonge.

Oui, il suffit de voir ce portrait de mon arrière-grand-oncle, ornant maintenant le coin dit *de famille*, dans mon salon (l'artiste a maintenant un salon orné de très-beaux tableaux) pour savoir que le vieux gouverneur champenois était le digne père de Dubois de Chantrenne, aussi chevalier de Saint-Louis et lieutenant-colonel de la Garde constitutionnelle de S. M. Louis XVI, qui, se trouvant à l'Abbaye à dîner avec les autres prisonniers, et apprenant, le 21 janvier 1793, la mort de l'infortuné et vertueux monarque, prit sur la table un couteau et se le plongea dans le cœur en disant : « Plus de Roi, plus de Chantrenne ! »

Lyon n'est pas agréable à arpenter : des cailloux du Rhône, placés debout, forment le pavé de cette ville, de même qu'à Vienne, à Valence, à Montélimart, etc. Le Rhône est la carrière inépuisable d'où sortent tous ces galets, pavés pointus très-ennuyeux à fouler par les pieds délicats. Il faut dire aussi que le charbon de terre étant le mode de chauffage presque uniquement usité dans cette grande ville, toutes les maisons, noircies par la fumée, ont l'air d'être en deuil, ce qui donne à la cité un aspect fort triste. Mais les deux rivières qui coulent à vos pieds, le superbe quinconce des Brotteaux, de beaux monuments, une place magnifique, la belle vue qu'on a de Fourvières, rachètent bien ces défauts.

Le palais Saint-Pierre renferme le musée, qui contient d'assez bons tableaux et une nombreuse collection d'objets gallo-romains. On y remarque une partie du pied d'une statue équestre, en bronze. Ce pied, chaussé du cothurne, devait mesurer près de deux mètres de long, ce qui donnait à la statue, d'après les rapports connus entre les diverses parties du corps humain, une hauteur d'environ seize mètres. Ajoutez à cela la hauteur du cheval, et vous aurez un monument sans pareil comme dimensions. Ce devait être une magnifique chose que cette statue équestre. Malheureusement, les fouilles faites avec le plus grand soin dans la Saône, où ce fragment avait été trouvé, n'ont rien fait découvrir de plus de ce chef-d'œuvre. Le musée contient une quantité considérable de dessins de fabrique, et c'est chose toute naturelle. C'est là que les dessinateurs, en combinant ces dessins, d'une part, et donnant de l'autre, essor à leur imagination, produisent constamment de nouveaux dessins que l'industrie lyonnaise convertit bientôt en merveilles sur les étoffes de soie. Mais sans rien enlever au mérite des dessinateurs, j'ai toujours pensé que les innombrables variétés de dessins offerts par le kaléidoscope devaient beaucoup aider ces messieurs et ces dames dans l'accomplissement de leur tâche; et il ne faut pas s'étonner en apprenant qu'il y a des dames dessinat..... (ah! mon Dieu, qu'allais-je dire!) des dames dessinateurs pour étoffes. C'est chose pour laquelle il faut beaucoup de goût, et qui, par cela même est fort de leur compétence. J'ajoute que si ces messieurs et ces dames (des confrères) ne se servent pas du kaléidoscope, il est nécessaire qu'ils s'en servent pour laisser reposer leur imagination.

On ne doit pas manquer de visiter l'Hôtel-de-Ville, sous le péristyle duquel se remarquent les deux statues colossales, couchées, du Rhône et de la Saône. Ces deux statues sont en bronze.

Il faut voir le magnifique hôpital, qui porte encore de tristes preuves que, lors du siége de cette ville par les révolutionnaires, les farouches proconsuls ne respectaient pas même l'asile de la douleur, asile sur lequel flottait pourtant un drapeau noir. Mais quoi! y avait-il rien de sacré pour de tels hommes?

L'église d'Ainay, sur le bord de la Saône, offre au visiteur quatre magnifiques colonnes de granit, restes d'un petit temple dédié à Auguste.

Il faut aussi voir les restes de l'aqueduc Saint-Irénée, aqueduc de construction romaine, formé de petits pavés carrés, placés sur angle comme difficulté vaincue.

Le lecteur voudra bien me faire grâce de tout ce qu'il y a encore de curieux à voir dans cette ville. Le moindre indicateur le tiendra parfaitement au courant, et beaucoup mieux que je ne pourrais le faire.

Il existe à Lyon un singulier usage : on vend

les maisons *par étages*... L'escalier est commun entre tous les propriétaires. Il en résulte nécessairement ceci, c'est que, dans beaucoup de maisons, cet escalier est dans un état épouvantable ; de plus, comme on dépose sur les carrés toutes les ordures du ménage, ordures que des âniers viennent enlever chaque matin, il s'ensuit que les belles dames lyonnaises, au sortir de leurs appartements où règne un luxe inouï, sont obligées de retrousser leurs robes jusqu'au genou pour franchir sans encombre ces dépôts d'ordures, véritable écueil pour une riche toilette, si la belle dame se laisse aller à la moindre distraction en ce moment critique.

Lyon est situé entre un grand fleuve et une rivière, et tout près de leur confluent. C'est donc un séjour généralement assez humide et envahi souvent par d'épais brouillards. Cependant, toutes choses égales d'ailleurs, je ne sache pas qu'on se porte plus mal dans cette ville que dans beaucoup d'autres, quoique sa situation très-resserrée y rende nécessairement entassée la nombreuse population qui l'occupe. Il y a mieux : le choléra qui a sévi dans d'autres localités avec tant de violence, n'a jamais paru à Lyon.

CHAPITRE XII

—

La pisciculture. — Un bruit du diable.

ll est cinq heures et quart du matin, et nous voilà sur le Rhône, à bord d'un colossal bateau à vapeur. Quel contraste entre ces rivages gais et fleuris que caresse la Saône, et ces rives sauvages battues par le grand fleuve! Là, plus de bosquets, plus de maisons de campagne riantes, plus de délicieux jardins... Mais des montagnes pelées dont les sommets dénudés se détachent en vigoureuses silhouettes sur ce beau ciel bleu du Dauphiné et de Provence. Peu à peu vient se dérouler sous vos yeux toute une suite de vieux châteaux ruinés et de fortifications du moyen àge, couronnés de lierre et crevassés sous l'effort puissant des ormes et des érables déjà séculaires, dont le vent ou quelque oiseau a transporté des graines parmi ces ruines.

Attention! nous voici à hauteur du Pont-Saint-Esprit, et... *horresco referens!* tous les passagers embarqués deviennent pâles de terreur, en voyant le patron qui tient la barre du gouvernail, diriger la proue du bateau précisément sur une des piles du pont. Chacun s'écrie, en se signant : « Nous sommes perdus ! Mon Dieu, ayez pitié de nous!... » Et l'on ferme les yeux, croyant bien ne plus les rouvrir ; et l'enfant se rejette instinctivement dans le sein de sa mère, et un brave homme de père, assis sur un câble roulé, serre convulsivement sa jeune fille dans ses bras... Mais le fleuve qui nous entraîne avec une rapidité incroyable, fait décrire à l'avant du bateau une légère ligne oblique, suffisante pour mettre, en quelques secondes, le bateau en plein courant, au beau milieu de l'arche voisine, et, le danger passé en bien moins de temps qu'il n'en faut pour écrire ces lignes, chacun voit le pont déjà bien loin derrière soi, et rit de sa propre frayeur et de celle des autres. Par la sambleu! si le patron nous eût dirigés sur l'arche, il nous brisait comme verre contre la pile... Mais c'est un gaillard qui sait son métier : depuis plus de vingt ans il affronte tous les trois ou quatre jours ce terrible écueil, et toujours le franchit avec le même succès. Il y est bien quelque peu intéressé, comme on doit croire, car j'ai causé avec ce brave homme, vieux loup de mer d'eau douce, et, indépendamment de sa propre vie, il est responsable de celle de onze beaux enfants, fraîche et joyeuse colonie qui s'assied tous les jours à sa table, et fait disparaître en moins de rien tout ce que juge à propos d'y mettre la ménagère.

Pendant que tout le monde fermait les yeux, par anticipation sur l'instant redouté, l'artiste

15.

les tenait bien ouverts, et, malgré la rapidité du courant, prenait sur son album une vue générale du pont et de la ville qui est au bout; il dessinait même une des piles du pont, piles de construction assez singulière, et dans lesquelles une ouverture, une sorte de fenêtre, a été ménagée... *cui bono?* Ma foi, je n'en sais rien; à moins qu'il n'y ait dans lesdites piles quelques cabinets de lecture où les poissons viennent flâner et lire les journaux, pour se tenir un peu au courant de la politique du jour et surtout des progrès de la pisciculture, art *nouvellement découvert*, dit-on, ainsi que le prouve surabondamment le § VI de l'article Poisson du *Dictionnaire de l'industrie*, imprimé en l'an IX de la République, intitulé : *Fécondation artificielle des truites et des saumons* (Tome V, page 284), et où nous lisons : « Dans « le pays de Hanovre, on est parvenu à mul- « tiplier prodigieusement la truite et le sau- « mon, en ayant recours au procédé suivant :

« On construit un coffre de bois, de douze
« pieds de long sur un pied et demi de large
« et six pouces de profondeur, etc. (suivent
« des détails de construction du coffre et de
« dispositions pour son emplacement)... Tous
« ces préparatifs étant faits, on prend, dans
« les mois de novembre, décembre et janvier,
« temps du frai des truites et des saumons,
« une femelle de saumon, vive ou morte
« nouvellement : on lui fait rendre ses œufs,
« en lui passant la main de haut en bas sur
« le ventre, et la tenant au-dessus d'un vase
« de bois dans lequel on a versé une demi-
« pinte d'eau de fontaine... On saisit ensuite
« un mâle de la même espèce, et par le même
« procédé on lui fait rendre la laite dans la
« même eau, etc., etc. » On voit clairement
par ceci que ces procédés de pisciculture, si
intéressants par eux-mêmes et si utiles par
leurs résultats, pour l'empoissonnement à nouveau des cours d'eau que cent causes diverses

tendent constamment à dépeupler, et qu'on nous donne comme *un art qui vient d'éclore,* remontent déjà bien loin de nous, puisqu'en l'an IX ils étaient en usage dans le Hanovre, et depuis longtemps, car il est dit qu'on était parvenu à multiplier prodigieusement ces poissons, ce qui laisse naturellement supposer un certain laps de temps pour obtenir ce résultat. Ainsi de beaucoup de choses... *nil novum sub sole.*

———

Coule, coule! beau fleuve! Cours avec la rapidité d'une flèche! Et toi, monstre d'airain mugissant et sifflant, vomissant flamme, vapeur et fumée, mastodonte de création moderne, fils de l'industrie et du génie de l'homme, double à ton gré la vitesse du bateau qui nous porte!... C'est vainement : vous ne m'empêcherez ni l'un ni l'autre de saisir au passage et de fixer sur mon album les sites grandioses et sauvages, magnifiques panoramas qui se déroulent à nos regards charmés, sur l'une et sur l'autre rive du fleuve. Ouvrons-le, cet album, si riche en précieux souvenirs... Que va-t-il nous montrer? Sur la rive gauche, Viviers dans son beau vallon, avec les Alpes pour rideau, à l'horizon... Oui, les Alpes, rien que cela. Pensiez-vous donc, en voyant ces monticules figurés à toute vitesse du crayon, sur un papier docile, pensiez-vous donc qu'ils fussent des taupinières? *Errare humanum est.* Voici Maramouche et ses rochers à pic; Donzère encore sur la rive gauche, avec ses fortifications crénelées, protégées, çà et là, par quelques tours carrées, assez bien conservées, ma foi. Et que dites-vous, sceptique, de ce pont suspendu si élégant, qui appartient à Saint-Andéol? « Ah! s'écriera le lecteur, nous sommes « donc sur la rive droite. — A merveille, cher « lecteur, vous savez bien votre géographie.

« Donc vous aurez sinon un prix, du moins un
« premier accessit. » Quant à cet immense
bâtiment carré, à deux étages, percé d'un
nombre infini de fenêtres, et qui se trouve
situé au-dessus de la ville, est-ce couvent de
bénédictins, collége, séminaire ou caserne?
Vraiment, je l'ignore; devinez si vous pouvez :
mon album ne nous en apprend pas davantage,
et je vous le dirai quand je saurai positivement
ce que c'est.

Voyez-vous, lecteurs, ce vieux château fort,
moyen âge, s'il en fut jamais? Ruines vénérables, qui ont joué un si grand rôle dans les
guerres de religion. Adieu les belles comtesses,
les pages gracieux et malins, les hommes
d'armes aux cuirasses brillantes, adieu, nain
contrefait, qui, avec ton cornet, annonçais du
haut de quelque tour les visiteurs à la noble
châtelaine..... Pauvre petit Poucet, à ton ordre
obéissait ce robuste pont-levis, que toute la
force de l'ennemi en armes ne pouvait faire

abaisser s'il trouvait Mont-Faucon sur son passage et qu'il lui prit fantaisie de l'emporter d'assaut. Le seigneur châtelain et ses hommes d'armes

« Étaient de taille
« A se défendre hardiment, »

comme dit le bon La Fontaine, dans un de ses inimitables apologues. Dans ce castel autrefois si bruyant, règne un silence de mort. Tout ce qui était fer ou bois a disparu, jusqu'au massif pont-levis, porte solide alors, mais dont un boulet aurait eu si promptement et si complétement raison de nos jours. C'est là que tous les hiboux, toutes les chouettes, toutes les chauves-souris des environs ont élu domicile... mais croyez bien que personne dans le pays ne se sent assez hardi pour aller leur disputer la place... « Bah ! pourquoi donc ? — Pourquoi ? Toutes les nuits le diable vient s'y promener avec accompagnement de drap blanc et de chaînes qui font un bruit... comme qui dirait *un bruit du diable.* »

A ce sujet, une idée : que les bonnes d'enfants, pour endormir les marmots confiés à leurs soins, leur racontent des historiettes gaies, des contes agréables, c'est fort bien ; mais il devrait leur être fait défense absolue, par les parents, d'entretenir les *bébés* de spectres, de revenants, de diables et autres balivernes de ce genre. Les impressions reçues dans l'enfance durent souvent toute la vie, et il se pourrait que tel enfant, d'une sensibilité exaltée, fût plus tard dans certaines circonstances et à son grand préjudice, sous l'empire de la terreur que vous aurez maladroitement semée dans son esprit avant que l'âge de raison l'ait mis à même de reconnaître que tout cela était chimérique.

CHAPITRE XIII

—

Les porte-faix d'Avignon. — Une longue parenthèse.

Après le château de Montfaucon vient celui
de Roquemaure, ruines d'un passé qui, heureusement, ne reviendra plus, il faut le croire;
que plusieurs vantent le moyen âge et ses *dou-
ceurs*, cela se conçoit : ils y sont intéressés...
mais pour les masses, dont le bien-être était
alors chose si problématique, il est plus que
probable qu'elles regrettent peu ce temps où
elles étaient taillables et corvéables à merci.
Glèbe, dîmes, droits féodaux, droits de jambage
et autres, étaient d'un poids assez intolérable
pour qu'on les relègue à tout jamais aux
oubliettes.

Après Roquemaure, Mornas; et tout cela sauvage, démantelé, d'un aspect à la fois triste et grandiose, ayant pour dernier plan le mont Ventoux, intermédiaire obligé entre les Alpes et les montagnes qui encaissent le Rhône.

Enfin nous arrivons à Avignon, dont les clochers et le vieux château se dessinaient depuis quelque temps à l'horizon, et, au débarquement, c'est tout une scène, scène assez désagréable. Figurez-vous une nuée de porte-faix, commissionnaires de tout âge et de tout sexe : hommes, femmes, enfants, tout cela se précipite comme une avalanche sur vos bagages; qui s'empare de votre carton à chapeau, ce sera un franc; qui se jette sur votre parapluie... autres vingt sous; un autre charge votre valise sur ses épaules... trois francs; celui-ci portera votre malle... cinq francs. Et Dieu sait le désordre! Dieu sait les querelles entre ces gens pour savoir à quels d'entre eux échoira la *buona mano*, l'aubaine de vous rançonner à merci.

A l'aspect de cette horde qui nous attendait sur la rive en poussant des cris sauvages, j'avais prudemment mis mon sac sur mes épaules, et pris sous mon bras ma boîte à couleurs. Je saute à terre, et voilà dix mains qui cherchent à m'arracher ma boîte, pour avoir prétexte à faire un trou à ma bourse. Moi, je n'avais, comme moyen de résistance, que deux mains assez maigres; mais la force de l'une des deux était décuplée par la présence d'un gourdin

> « Expressément choisi, de grosseur raisonnable,
> « Plus gros par l'un des bouts, fort, noueux et massif. »
>
> (MOLIÈRE, l'Étourdi.)

Reculant de trois pas, je me mets à décrire tant de cercles concentriques autour de mon corps, avec mon bâton pour rayon, que, ma foi, les assaillants sont obligés de battre en retraite, et je conserve ma boîte.

Je m'étais lié, sur le bateau, avec un jeune commis voyageur, du nom de Durand, charmant garçon s'il en fût, et nous faisions bourse commune pour la nourriture et autres menus frais de voyage. Comme il avait une malle et une valise, et qu'il y a loin du débarcadère à la porte de Loule, près de laquelle est situé l'hôtel de l'*Europe,* tenu par M. Piron, nous fûmes bien obligés de faire porter malle et valise.

Arrivés à l'hôtel, les deux porteurs, dans leur patois provençal, nous réclament 8 fr., savoir : 5 fr. pour la malle et 3 fr. pour la valise. Grand débat. Je me récrie : « C'est un vol « manifeste. Rentrez votre bourse, mon cher « M. Durand ; je ne souffrirai pas que vous « soyez ainsi étrillé. » Le bon jeune homme, d'humeur pacifique, tenait toujours sa bourse à la main..... (à cette époque le porte-monnaie était encore une abstraction). « Non, lui dis-je ; « je veux en avoir le cœur net. » Les deux porteurs juraient dans leur charabias, M. Piron se promenait en long et en large, sans faire semblant de rien et sans mot dire. « Voyons, Monsieur

« l'hôtelier, il doit y avoir un tarif... nous voulons le voir. » M. Piron cherchait à éluder.
« Point d'ambage, cher monsieur, il y a cer-
« tainement un tarif; veuillez nous le montrer.»
Enfin ce fameux tarif se produit : *pour une malle, 1 fr., et pour une valise, 1 fr.* « Ah! ah!
« messieurs, voilà deux francs, prix du tarif;
« tournez-nous les talons, et portez-vous bien.»
Refus obstiné des deux porteurs, accompagné de jurons dans une langue très-harmonieuse, et que, n'eût été le ton, on eût pu prendre pour des remercîments, voire même pour des compliments. Enfin, ennuyé et de guerre lasse, je mets les deux francs sur la malle : « Monsieur Piron,
« vous voyez : voilà les deux francs que nous
« devons à ces hommes. Je vous en rends res-
« ponsable. Nous allons faire un tour en ville. »

A notre retour, les deux commissionnaires avaient disparu, et les 2 fr. avaient pris sans doute le chemin de leur poche, car il n'en fut plus question.

Et dire que l'exigence de ces porte-faix, qui se présentaient en masse à l'arrivée de chaque bateau à vapeur, était devenue un tel fléau pour les voyageurs, qu'un peu plus tard, à un second voyage que je fis dans le Midi, je trouvai une compagnie d'infanterie rangée sur le rivage et attendant l'arrivée du bateau, pour protéger les voyageurs contre une telle invasion ! et ce service extrà, imposé ainsi à la garnison, on était obligé de le faire tous les jours, à ce que me dit M. le capitaine Dalché, un de mes anciens camarades, commandant le détachement.

* * *

L'aspect d'Avignon est extrêmement pittoresque. Les fortifications moyen âge qui l'entourent, sont encore debout et dans des conditions de conservation satisfaisante. Ces créneaux, ces machicoulis, ces tours carrées qui relient les murs de distance en distance, vous font rêver, malgré vous, à ce passé dont nous parlions naguère. Le quai, situé aux abords du pont, est planté de beaux arbres, prend le nom de la porte de Loule, à laquelle il aboutit, et sert de promenade aux gens du beau monde. C'est un lieu très-fréquenté le soir, dans la belle saison, et on ne le quitte que pour aller prendre des glaces. L'île de la Barthelasse, située en face de la ville, est un lieu de promenade plus champêtre, entouré d'ombre et de mystère, nouvelle Paphos très-goûtée des amoureux, à une heure où il ne fait plus jour et où il ne fait pas encore nuit, mais dont les tambours et les élèves musiciens de la garnison font, pendant le jour, retentir les échos de leurs caisses et de leurs clarinettes, au grand scandale des rossignols, des fauvettes, des merles et autres artistes emplumés, habitants naturels de ces beaux lieux.

A l'époque où nous étions, ce fameux pont

d'Avignon auquel on arrivait par une gamme montante et que l'on quittait par une gamme descendante et rétrograde, ainsi que pourra le voir, dans la disposition ci-jointe, le lecteur émerveillé,

Je suis sur le pont d'Avignon.

D'Avignon pont le sur suis je.

était dans un état qui faisait peine.

Rompu dans le milieu (ce pont était en bois) sur une assez grande étendue, on voyait au bas des arches absentes, et fièrement attachés aux quelques piles encore debout, deux petits batelets portant chacun : 1° une solive et trois chevrons; 2° une demi-douzaine de moëllons; 3° quatre mauvaises planches hors de service; 4° un homme destiné à mettre en œuvre *tous ces matériaux*. D'où je conclus que les laitières qui viennent chaque jour de Villeneuve-lès-Avignon, apporter en ville leur lait de chèvre et de brebis, ont encore plusieurs années à faire le signe de la croix avant de s'aventurer sur les quelques planches mal assujéties qui servent de trait d'union entre les parties du pont.

Ce serait mal à nous, et d'un cœur tout à fait ingrat, puisque Villeneuve-lès-Avignon tient une si honorable place dans notre album, de ne pas dire que cette petite ville (j'ai failli être lapidé dans le pays pour avoir dit que c'était un village; en vain me suis-je écrié que je n'avais jamais vu cette ville que de loin, que j'ignorais conséquemment son importance; que je ne savais pas si les cinq maisons un peu grandes qu'on aperçoit de l'autre côté du Rhône en cachaient d'autres plus petites; que personne ne m'avait révélé que la fabrique de l'église venait de faire nouvellement baptiser sa cloche, je n'en fus pas quitte à moins d'une contusion à la jambe, d'un large *bleu* à l'épaule, et d'un coup de poing dans la figure, qui me fit voir trente-six chandelles, et perdre par le nez quelques onces de bon sang ; quant au mauvais sang, il était resté à l'intérieur... et le moyen de ne pas en faire, quand on se voit l'objet d'une attaque aussi brusque et aussi imprévue...

« Que vouliez-vous qu'il fît, contre vingt ?... — Qu'il mourût ! »

Ah ! ma foi, pas si bête ; et j'aurais bien voulu vous y voir, cher lecteur, surtout si comme ce fut le cas, vous n'aviez pu prendre une revanche complète, vos nombreux adversaires, à la vue du sang qui rougissait la place, s'étant sauvés à toutes jambes.... Je ne pus en attraper qu'un qui était un peu *panard (Vulgó)* BOITEUX, et qui paya pour tous les autres... Il portait une cravate lâche, dite à la Colin ; ce fut par là que je le saisis ; et lui mettant le pouce sur la *noix,* comme disait ma grand'-mère, je vis le moment où notre homme allait passer de vie à trépas. Déjà ses yeux étaient gros comme des pommes d'api, quand il cria d'une voix étranglée : « *Jésus-Maria! Miséri-corde!* » ce qui me fit lâcher prise, comme le devait faire un bon chrétien, et je laissai aller ce rustaut, qui était pourtant grand et fort comme un hercule; mais il était aussi lâche que sa cravate.) Ici j'ai fermé la parenthèse, et j'ose croire que l'on m'en saura quelque gré, car

Elle était, cher lecteur, longue comme un banquet
Où j'ai vu vingt fermiers passer un jour complet.
Il s'agissait d'un mort, et c'est en sa mémoire
Que le jour et la nuit se passèrent à boire (1).

Ceci n'est point une fiction, et dans les campagnes de notre *chère Touraine*, le meilleur éloge que nos paysans puissent faire d'un de leurs voisins trépassés est de bien manger avant et après l'enterrement, aux dépens de sa veuve désolée... désolée surtout de voir rafler en un jour, par nombre de bouches affamées,

(1) JE L'AI VU, et je ne sais encore si je dois le croire ou non.

17

six brocs de vin, deux boisseaux d'oignons, cinq décalitres de pommes de terre, un de haricots, trois poules, deux lapins, et enfin la moitié d'un porc, tué et salé seulement depuis trois jours.....

Par saint Gilbert, mon patron, il y avait là de quoi la faire vivoter pendant tout le temps de son veuvage, c'est-à-dire pendant un an et un jour, temps strictement nécessaire, parce qu'ensuite : Aux bans, aux bans, M. le curé ! Aux bans. M. le maire ! Aux violons, aux violons ! et en avant deux !

Mais, où en étais-je ? ah !... de ne pas dire que Villeneuve-lès-Avignon, avec son vieux donjon encore très-bien conservé, sinon en bon état de défense, forme un très-joli arrière-plan au panorama qu'embrasse le regard du haut du Calvaire d'Avignon, but assez maigre de promenade pour ceux qui ont à dépenser moins d'argent que d'*oremus*.

Quant à Villeneuve-lès-Avignon (revenons-y),

c'est réellement une gentille petite ville, très-industrieuse, montrant avec orgueil aux étrangers sa belle tour moyen âge, et possédant, pour une population de 3,500 âmes, une manufacture de soie, des fabriques de toiles et de cordes, et une bibliothèque de 7 à 8,000 volumes, dont seraient fières beaucoup de villes plus importantes, et qui en sont encore à conjuguer le verbe *désirer*.

Toutefois, ce vide tend à se combler, du moins en partie : grâce à l'initiative intelligente et au concours actif de l'homme éminent qui est actuellement à la tête de l'instruction publique, il se fonde à peu près partout des bibliothèques populaires, et ces établissements répondent assez bien à un besoin presque généralement senti. Il faut, d'ailleurs, que la nourriture de l'esprit et celle du corps marchent ensemble.

C'est vainement qu'on m'objectera que ces bibliothèques, de création toute récente, n'ont pas un fond considérable; encore y trouve-t-on les meilleurs ouvrages de la littérature ancienne et moderne. L'heure de la lumière est enfin venue. L'esprit humain cherche toujours à s'élever, et puisque Dieu a donné à l'homme une intelligence essentiellement perfectible et progressive, les amis de l'humanité ne peuvent que se réjouir de tout ce qui tend à la félicité des masses : on doit avec raison attribuer à la vie actuelle ce que disait Bonnet au sujet de la vie future, savoir : que le bonheur de cette vie à venir consistera surtout à connaître...

CHAPITRE XIV

—

2 août 1815. — Le maréchal Brune.

En face de l'hôtel tenu par M. Piron s'en élève un autre, de sinistre mémoire, et que je considérai longtemps avec un sentiment de tristesse profonde... C'est celui où fut assassiné le maréchal Brune, en 1815. Comme ce funeste événement est déjà loin de nous, le lecteur me saura peut-être quelque gré de lui en rappeler les principales circonstances.

Dans la matinée du 2 août, le maréchal traversait Avignon pour se rendre de Marseille à Paris. Pendant que l'on changeait les chevaux de sa voiture, un officier de la garde nationale alla présenter les passeports au visa du commandant de la place, ce qui retarda de quelques moments le départ du maréchal. Cependant, un groupe qui s'était formé autour des voitures, dès le premier moment où l'on sut qu'elles contenaient le maréchal Brune et sa suite, s'étant considérablement augmenté, des cris de menace et de fureur se firent entendre; des gens du peuple dételèrent eux-mêmes les chevaux des voitures, et le départ du maréchal devint impossible. Instruit que M. de Saint-Chamans, nouveau préfet de Vaucluse, arrivé à Avignon depuis quelques heures, était logé à l'hôtel du Palais-Royal, devant lequel se passait cette scène de tumulte et de désordre, le maréchal réclama sa protection.

Ce magistrat parvint à faire effectuer le départ du maréchal, qui sortit par la porte de Loule, pour suivre la route de Paris, resserrée entre le Rhône et les remparts de la ville. Mais à l'instant où les voitures quittaient l'hôtel, les furieux qui avaient accablé le maréchal d'outrages et de menaces, coururent après lui en prenant des rues détournées; ils se trouvèrent en nombre considérable et munis d'armes de toute espèce, sur son passage, et lui fermèrent la route. Les voitures furent assaillies à coups de pierres; on cria qu'il fallait le tuer. Le préfet et quelques magistrats, avertis de son nouveau danger, se rendirent précipitamment auprès de lui; l'impossibilité absolue de lui faire continuer sa route ne fut que trop facilement reconnue. Il n'y eut d'autre parti à prendre que de le ramener dans la ville, la foule menaçante entourant et suivant la voiture.

De retour à l'hôtel du Palais-Royal, le maréchal Brune descend à la porte et se précipite dans l'intérieur; la voiture des deux aides-de-camp entre dans la remise. Aussitôt on ferme, on barricade toutes les portes de l'hôtel, malgré les efforts des assaillants, dont un avait même interposé son bras entre les battants de la porte de la remise pour empêcher qu'on ne la fermât, et ne le retira qu'après la menace sérieuse de le lui casser s'il ne le retirait de suite.

Les autorités de la ville, dès que l'on put disposer des troupes, sont rassemblées devant l'hôtel du Palais-Royal. Leur voix est méconnue; leur force devient impuissante; leurs efforts sont inutiles : elles ne peuvent empêcher le pillage des voitures, de divers effets et d'une partie de l'argent qu'elles contenaient. On résiste même avec violence à la force publique et aux officiers ou agents de l'autorité administrative ou judiciaire, qui cherchaient à rétablir l'ordre et à prévenir des crimes.

L'acharnement de la foule contre le maréchal est au comble; on crie qu'il faut lui faire éprouver le sort de la princesse de Lamballe, dont on lui impute d'avoir porté la tête au bout d'une pique, imputation aussi injuste qu'odieuse (1). Des furieux criaient même que si

(1) Le fait allégué contre le maréchal était également atroce et faux : il avait été tout à fait étran-

l'on ne pouvait pas pénétrer jusqu'au maréchal, il fallait mettre le feu à l'hôtel du Palais-Royal. Des gens armés se portent sur les toits des maisons, les fusils braqués sur les fenêtres et cheminées, dans la disposition apparente de faire feu sur le maréchal s'il cherchait, par là, un moyen d'évasion, pendant qu'un homme se montre à la croisée de l'appartement du maréchal, et, par ses signes indique qu'il n'échappera pas et que sa dernière heure est arrivée. Déjà on était parvenu, par les toits des maisons voisines, sur celui de l'hôtel du Palais-Royal; de là, on s'était introduit dans le grenier, d'où des gens armés étaient descendus dans la chambre du maréchal. Un premier coup de feu lui fut tiré : il n'en fut pas atteint; mais l'instant après, il fut renversé mort d'un second coup, et tomba

ger à la mort de la princesse de Lamballe ; il n'était pas alors à Paris, mais à l'armée, et n'arriva dans la capitale que le 5 septembre, deux jours après les massacres, et sur un ordre du conseil exécutif provisoire...

la face contre terre. Aussitôt un homme signalé pour être un porte-faix d'Avignon (nous les avons vus à l'œuvre) parut à la croisée de l'appartement occupé par le maréchal et annonça sa mort à la populace, qui y répondit par des cris de joie.

Les officiers de justice firent constater l'état du cadavre par les gens de l'art : il fut physiquement reconnu que le maréchal Brune avait été atteint d'un coup d'arme à feu, qui, ayant pénétré *par le derrière du cou, était sorti par le devant*, et dans une direction indiquant que le coup avait été tiré de haut en bas, mais cependant assez horizontalement pour qu'après avoir traversé le cou du maréchal, la balle eût pu frapper dans le trumeau de la cheminée à une hauteur à peu près égale à celle d'un homme debout.

Sur le milieu de l'appartement, et particulièrement à la place où gisait le cadavre, on remarquait un trou à la poutre du plafond, qui ne pouvait être que l'empreinte de la balle du premier coup, que le maréchal avait évitée en relevant avec son bras le pistolet au moment où l'on faisait feu sur lui.

Dans la crainte que le séjour prolongé du corps du maréchal dans l'hôtel ne fût la cause d'excès nouveaux, soit sur la personne des deux aides-de-camp, renfermés dans une chambre, soit même sur l'hôtel du Palais-Royal, que la bande menaçait de piller ou de brûler, on ordonna que la sépulture du maréchal aurait lieu incontinent.

En vain un détachement armé, sous la conduite d'un officier, cherche à protéger les porteurs du cadavre : à peine le cortége a-t-il passé la porte de Loule, que le cadavre est enlevé aux porteurs, précipité dans le Rhône, et, au moment où il surnage, on tire sur lui une cinquantaine de coups de fusil. Enfin, sur une des poutres formant le parapet du pont, on grava ces mots, restés visibles pendant longtemps :

C'EST ICI LE CIMETIÈRE DU MARÉCHAL BRUNE,
2 AOUT M. D. CCC. XV.

L'acte d'accusation signale Guindon, dit Roquefort, comme un des assassins. Un individu que la mort a mis depuis hors de la justice des hommes, ayant tiré le premier coup de pistolet qui n'atteignit pas le maréchal, Guindon lui reprochant sa maladresse, le repoussant à l'écart et se mettant à sa place, prononça ses affreuses paroles : *Je vais te faire voir comment il fallait faire...* Déjà il avait tiré son coup de carabine, et le maréchal Brune n'était plus. A peine a-t-il été question d'informer sur cette affaire que cet homme a pris la fuite.

L'assassinat est du 2 août 1815, l'acte d'accusation seulement du 2 *juin* 1820. La veuve du maréchal présenta une requête au roi, le 19 mars 1819, contre les assassins de son époux. Elle demandait l'évocation de l'affaire devant une autre cour d'assises que celle du département de Vaucluse; elle désignait Paris comme la seule ville où les juges et les jurés pourraient prononcer avec une entière indépendance. Elle s'inscrivit en faux contre le procès-verbal qui attribuait la mort du maréchal à un suicide. L'allégation du suicide ne pouvait soutenir l'épreuve d'un examen sérieux.

La raison publique et les magistrats ont repoussé cette assertion comme mensongère et invraisemblable.

Après un silence de plus de cinq années, l'affaire fut envoyée devant la cour de Riom. Madame la maréchale Brune avait signalé comme auteurs immédiats de l'assassinat un nommé Fargès, taffetatier, et Guindon. Ce dernier fut seul signalé; il était contumace.

Les débats, ouverts le 24 février 1821, furent terminés le lendemain, et un arrêt *par défaut* condamna Guindon à la peine de mort.

L'assassinat du maréchal Brune fut l'œuvre odieuse et lâche d'un chef de faction, salariant les bandes d'égorgeurs qui infestaient le Midi.

Tout avait été disposé d'avance ; les assassins n'attendaient plus que la victime. Comment les magistrats ont-ils pu ignorer un complot aussi atroce, exécuté en plein jour? Comment pourront-ils se justifier de ne l'avoir pas prévenu ou de n'en avoir pas empêché l'exécution? Ce déplorable problème n'a pas encore eu de solution que l'histoire puisse admettre comme une vérité démontrée.

CHAPITRE XV

—

Prenez garde! — Le tourbillon.

Voyez-vous cette énorme masse de bâtiments entassés? Constructions de toutes les époques; restes de murailles crénelées acculées à d'ignobles murs vulgaires; portes d'entrée pratiquées dans une maçonnerie rapportée après coup, entre deux tours carrées, de styles différents, de dates différentes aussi : l'une, celle du nord, servant de clocher à la chapelle; et cet immense bâtiment terminal au midi, avec des fenêtres de huit mètres de haut... Eh bien! cette étrange ville dans une autre ville, c'est le château des papes. Personne n'ignore, à l'heure qu'il est, qu'Avignon et son comtat n'ont pas toujours appartenu à la France et qu'ils faisaient partie du domaine temporel du pape; mais, dès 1789, Avignon s'enthousiasma de la révolution française et se hâta d'en adopter les améliorations susceptibles d'être accommodées à la forme de son gouvernement : on y créa une municipalité populaire; on y forma une garde nationale; on réclama la réforme de plusieurs abus.

Les classes privilégiées, qui vivaient de ces abus, voulurent résister, comptant sur l'appui du vice-légat. Une collision eut lieu le 10 juin 1790, sur les bords de la Sorgue, près de l'église des Cordeliers; le parti du pape fut vaincu. Le lendemain, le peuple se livra à des vengeances cruelles et illégales, qui, malheureusement, tombèrent sur des innocents. Cependant on respecta les jours du vice-légat, de l'archevêque et de tous les officiers italiens; on leur signifia seulement de partir dans le plus bref délai, et l'annexion à la France fut ainsi consommée de fait; mais ce ne fut qu'en 1793 que fut formé le département de Vaucluse, où l'on fit entrer tout le comtat Venaissin et les districts d'Orange et d'Apt.

Comme vous êtes curieux, cher lecteur, je soupçonne que vous allez me demander ce que c'est que cette grosse tour dont la crête est ruinée, et qui semble accolée à l'église du château...

— Eh! mon Dieu, je voudrais, pour beaucoup, n'avoir pas à vous répondre. Cette tour, c'est celle de la *Glacière;* et c'est dans cette tour que furent précipités les cadavres de soixante détenus des deux sexes, devenus victimes de la fureur des anarchistes, à la suite des massacres des 16 et 17 octobre.

Quant aux remparts de la ville, que vous trouvez encore si coquets et dans un si bon état de conservation, ce sont les habitants eux-mêmes qui en ont fait les frais au moyen d'un impôt volontaire, pour se garantir des invasions des brigands. Ces murailles, commencées en 1356, sous le pontificat d'Innocent VI, furent terminées dans l'espace de trois ans (1).

Remontez avec moi les bords du Rhône, le long de ces murailles, et votre peine ne sera pas perdue. Nous passerons sous le clocher et sous l'ancien télégraphe, devenu inutile depuis la création du télégraphe électrique, et nous nous trouverons en face du pont Saint-Bénezet; que si vous vous aventurez sur ledit pont, n'espérez pas qu'il vous servira à traverser le Rhône, comme cela fut autrefois. Le pont Saint-Bénezet n'existe plus qu'en partie : quatre arches seulement, du côté de la ville, sont conservées. Vous retrouverez dans les piles les mêmes ouvertures *(cui bono?)* que dans les piles du Pont-Saint-Esprit, et au milieu de ce qui reste du pont, admirablement et pittoresquement situé là pour compléter le paysage, une

(1) On vient de commencer la restauration des parties dégradées de ces beaux remparts.

petite chapelle, très-pittoresque en elle-même, encore assez bien conservée.

De mon temps, un chapelain y disait encore la messe à certains jours. C'était justice de dédier cette chapelle à Saint-Bénezet, car il posa la première pierre de ce pont, qui fut pendant bien longtemps le trait d'union entre les deux rives. Mais le nom du saint ne fut pas suffisant pour préserver cet utile monument de la rage du Rhône déchaîné. Les pauvres habitants, terrifiés à la vue de leur cher pont à moitié emporté, durent se demander si les ouvertures si grandement et si sottement pratiquées dans les piles n'avaient pas beaucoup aidé le fleuve dans son œuvre de destruction.

Encore quelques pas sur le quai, et nous allons arriver en face de la statue de la Vierge portant l'enfant Jésus dans ses bras, les deux statues de grandeur naturelle. Le Sauveur du monde tient dans ses mains une petite croix, et au-dessous de la niche qui sert d'asile et d'encadrement au groupe, sur la façade d'une maison particulière, on voit deux lignes horizontales, surmontées de ces deux inscriptions : Inondation de 1801. — Inondation de 1755. Celle-ci fut de quarante centimètres plus élevée que la première, et malheureusement d'autres lignes et d'autres inscriptions ont dû être tracées depuis, sur le piédestal de la Vierge de bon secours...

Doit-on blâmer, doit-on approuver cet usage, de graver ainsi partout le niveau des inondations désastreuses? « On doit le blâmer, dira-« t-on. C'est détourner les étrangers du désir « de venir habiter la ville... » — Et moi, je l'approuve fort, cet usage; il ne vous prend pas en traître et dit assez clairement aux Anglais, aux Italiens, aux Allemands, aux Arabes : *Rake carre! Badate! Gebet achtung! Baneuca!...* à tout le monde : *Cave!* et en bon français: Prenez garde !

On sait, et de reste, que sous le beau ciel du midi de la France, la température est quelque peu élevée. Aussi, dès le lendemain de mon arrivée à Avignon, par une chaleur tropicale, ayant eu la fantaisie de m'aventurer dans l'île de la Barthelasse, et de l'autre côté du Rhône, l'envie me prit de me baigner. J'avise un poteau planté au bord du fleuve, et l'endroit me paraît commode pour déposer mes vêtements : ainsi fais-je, et en quelques secondes me voilà dans l'eau, barbotant comme un canard. Malgré moi, je songeais à mon bain intempestif de Mâcon, où j'avais eu pour témoins de ma descente hydraulique quelques centaines de spectateurs tout surpris de mon plongeon. Mais ici j'étais seul, et cette solitude même m'avait frappé au moment où je mettais les pieds dans l'eau.

Enfin, je nageais comme un des tritons du *Triomphe de Galathée*, cette admirable page de Raphaël, et je pensais à ce cortége marin qui entoure la nymphe, lorsque le diable, ingénieux à nous tourmenter pour faire de nous sa proie, me souffle à l'oreille ce défi perfide :

« Gageons, mon brave, que tu ne traverses « pas le Rhône ! — Bah ! vous croyez ? — Oh ! « je sais que tu nages passablement ; mais dans « la circonstance tu n'es pas de force. — Vrai- « ment ? Eh ! bien, c'est ce que nous allons « voir. » Aussitôt dit, aussi fait. Je m'élance à corps perdu, luttant avec le fleuve, et pratiquant de merveilleuses coupes. Cependant, arrivé à peu près à la moitié de la largeur du Rhône, je crus m'apercevoir que je n'avançais plus.

Bientôt j'acquis la triste certitude que j'étais dans un tourbillon, où j'étais menacé de rester... Crier ? appeler du secours ? A quoi bon ? je ne savais que trop qu'il n'y avait aux environs per- sonne à portée de m'entendre ; et d'ailleurs, qui se serait senti assez hardi pour venir me chercher là, autrement qu'avec une embarca- tion ? Et, en fait de bateau, ni grand ni petit n'étaient sur cette rive du fleuve. Je redouble donc d'efforts, mais bien vainement. Par bonheur, je n'ai jamais perdu la tête, même dans les plus grands périls, et je fis avec moi-même, dans cet instant critique, l'intéressante conversation que voici :

« Mon bon ami, tu vas te noyer.

— Parbleu, je le sais bien.

— Tu as déjà bu quelques coups ; ce n'est que de l'eau passablement claire ; mais fût-ce du meilleur Château-Laffite, si tu ingurgites encore quelques pareilles bordées, tu peux faire ton testament.

— Oui ; le moment et le lieu sont bien choisis ; d'ailleurs, je n'ai rien : ainsi, mon testament est tout fait. »

Pendant ce dialogue, je crus apercevoir, entre deux vagues, la tête du diable qui riait d'un rire satanique, et qui déjà s'apprêtait probablement à mettre la griffe sur mon individu... Je détourne les yeux avec dégoût, et élevant ma pensée vers le ciel, j'invoque le bon Père céleste qui, seul, pouvait me sauver... Tout à coup je m'adresse ces simples mots, qui, sans doute, m'étaient inspirés d'en haut : « Pourquoi te noies-tu ?... — Parce que tu es fatigué. — Eh bien ! repose-toi. » Il y avait dans cette dernière partie de la phrase, toute une révélation. En effet, je me rappelle aussitôt que j'ai dans ma poitrine comme deux vastes récipients qui peuvent, si je les tiens pleins d'air et si je m'y prends bien, me soutenir sur l'eau pendant un temps considérable. Je me mets donc sur le dos, les membres étendus, sans raideur, tenant toujours, autant que possible, mes poumons pleins d'air et ne faisant aucun mouvement.

Je n'avais, hors de l'eau, que la face ; mais il n'en fallait pas davantage... Je reste ainsi longtemps, me laissant porter par le fleuve, reposant mes membres fatigués, — perdant de vue l'idée que j'allais me noyer, et reprenant courage. Bientôt le tourbillon, après m'avoir rapproché de son centre et m'en avoir éloigné vingt fois, las peut-être de me promener ainsi *gratis*, me ramène tout doucement à sa circonférence ; je le reconnais avec bonheur, et à l'aide de quelques brassées énergiques je prends la tangente, et, m'échappant du cercle fatal, je me dirige vers le point du littoral où j'avais laissé mes habits. Le poteau me sert de guide... j'arrive... je touche le bord... mais je ne touche pas mes vêtements... ô surprise, ô moment critique ! mes habits, mon linge, mes souliers, tout avait disparu...

Il est donc certain que si je n'avais pas su nager et si je n'avais pas eu des notions très-positives de physiologie, je ne serais plus de ce monde depuis longtemps. Je sais bien que maint lecteur pourra m'objecter que quand on ne sait pas nager, on ne va pas s'aventurer au milieu du Rhône, à moins que, blasé sur beaucoup de choses, las de lutter contre la douleur et contre les difficultés et les peines de la vie...

Eh bien! alors même, je dirai toujours, morbleu, qu'il faut avoir du courage jusqu'au bout, et qu'on ne doit pas quitter son poste sans l'autorisation de Celui qui vous y a placé.

Mais revenons. Peut-on comprendre que sur huit personnes réunies, à peine y en a-t-il deux ou trois qui sachent nager? O pères de famille, une des premières choses que vous devez faire connaître à vos enfants, après leurs devoirs envers Dieu, envers la société, envers eux-mêmes, c'est la natation. La vie offre tant d'épreuves... savez-vous dans quelles rudes situations vos enfants peuvent se trouver un jour? Et, en définitive, voulez-vous les laisser, sous ce rapport, au-dessous d'un sauvage ou d'une grenouille?

CHAPITRE XVI

—

**Une feuille de saule. — Portrait du
diable. — Un drôle de garde.**

Eh! charmantes dames, aimables lectrices, voyez-vous cet artiste, auquel vous avez la bonté de vous intéresser, debout sur le rivage, bâillant aux corneilles, et dans un costume excessivement primitif?... On peut se faire un habillement assez confortable avec une feuille de talapa; on peut même s'en composer un petit toit pour se mettre à l'abri des injures du temps; notre père Adam nous a appris un usage insoupçonné de la feuille du figuier... mais allez donc vous vêtir avec une feuille de saule?... Il n'y a pas moyen d'y songer.

Je n'avais donc que toi pour tout vêtement,

cher petit diamant, présent de ma bonne tante et marraine... En te déposant pour quelques jours chez une autre *tante* (*tante* à Paris, *oncle* à Londres), on pourrait se procurer d'autres habits, et se produire avec autant d'avantages qu'auparavant... Mais, « Anne, ma sœur Anne, ne vois-tu rien venir? » comme il est dit dans la *Barbe-Bleue*... Je ne vois pas la moindre trace d'*oncle* ni de *tante,* et, d'ailleurs, on ne se sépare point d'un petit bijou, si précieux souvenir...

Plus j'y songeais et plus j'étais convaincu que c'était ce méchant diable dont j'avais aperçu la figure entre deux vagues, qui, ne pouvant mettre sur moi sa vilaine patte, s'était vengé en emportant mes vêtements.

Tout bien considéré, ce devait être un diable femelle, comme qui dirait madame Satan, dont M. Benjamin Gastineau, dans un livre tout nouvellement éclos, nous a si spirituellement révélé l'existence; et, chez les démons, comme chez nous, quand les femmes se mêlent d'être méchantes, elles le sont dix fois plus que les hommes ou que les diables. Oui, ce devait être un diable femelle... j'y pense encore maintenant : il y avait dans sa physionomie quelque chose de fin, de délicat, je dirais presque de distingué, qui décelait son origine d'ange déchu, mais d'ange à crinoline... Car, quelle apparence que le diable soit aussi laid qu'on le dit? Quel est l'imbécile qui a été imaginer de lui donner des cornes, des griffes d'une aune, une queue rouge, un visage affreux, une fourche?... Cazotte, dans son *Diable amoureux*, avait osé l'habiller en chameau, de la bouche duquel s'échappait le terrible « CHE VUOI? »

Mais Cazotte sentait quelque peu le fagot, et il règne encore de nos jours, autour de son livre, une odeur de roussi fort peu rassurante. Par saint Michel, à qui Raphaël a fait tenir le diable sous ses pieds depuis plusieurs siècles, en le menaçant de sa lance (et, à la longue, la position ne laisse pas d'être assez fatigante, pour l'un comme pour l'autre), par saint Michel, dis-je, le diable n'est pas aussi laid qu'on le dit. Si cela était, qui donc voudrait se donner à lui? Je sais bien qu'on nous envoie souvent le trouver malgré nous, et, pour peu que nous soyons importuns ou ennuyeux, on nous régale très-gentiment d'un : « Allez au diable ! »

Non, non, le diable est très-joli, très-séduisant : il porte des robes de soie, des cachemires, des diamants, du rouge, des mouches et des cerceaux d'acier. Parfois, il met des fleurs dans ses cheveux et se chausse de satin ; tantôt il porte des sabots et une robe de bure ; quelquefois, il s'enferme dans un tonneau ou dans un flacon contenant un produit de son crû, un liquide étiqueté : Cognac; on l'a vu se glisser dans les mines de Golconde et dans celles de la Californie. Vous le trouverez souvent, caché dans un petit paquet carré long, de l'épaisseur du doigt, portant sur le ventre un beau timbre sec, avec ces mots en exergue : *Contributions indirectes...* Ce qui signifie, à coup sûr, que le diable revêt mille formes pour nous mettre indirectement à contribution.

Cependant, comme à travers toutes ces réflexions et d'autres, dont je fais grâce au lecteur, je sentais que je m'enrhumais, et que j'avais déjà éternué plusieurs fois, je songeai à prendre un parti... Inopinément, là-bas, là-bas, bien loin, dans une garancière, j'aperçois un homme qui travaillait, figure solitaire et presque passive, qui animait très-peu le paysage. Je prends aussitôt une course échevelée, et bientôt j'arrive près de mon brave cultivateur... A mon aspect, il se signe, lève les mains vers le ciel en s'écriant : « Ah ! par exemple !... »

« Ah ! par exemple, s'écria-t-il... vous n'êtes « donc pas noyé ? — Noyé ! pas si sot : mon

« père m'a répété bien souvent que mourir
« était une bêtise qu'on ne faisait qu'une fois,
« mais que de toutes celles qu'on pouvait faire,
« c'était la plus grande... Dites-moi donc vite
« où sont mes habits, si vous le savez. —
« Dame, c'est le garde qui les a emportés. —
« Le garde?... Nous voilà bien. Et pourquoi
« s'avise-t-il d'emporter mes vêtements?
« Voilà un drôle d'homme! s'il avait voulu
« mériter le nom de garde, il aurait gardé mes
« effets. — Ah! monsieur, aussi bien il les
« garde.... chez lui. — Ce n'est pas précisé-
« ment la même chose pour moi. — Pardine,
« monsieur, puisque je vous dis que nous
« avons cru que vous étiez noyé! Vous savez
« bien qu'il est défendu de se baigner à la
« *Petite-Hôtesse*. — Et comment voulez-vous
« que je le sache? Je ne suis pas d'Avignon. »

« — Pardine (c'était son mot préparatoire),
« vous voyez bien qu'il y a un poteau. —
« Quand il y aurait un poteau? Cela ne signifie

« rien. — Ah! si fait, il y avait autrefois un
« écriteau qui disait : *Défense de se baigner
« dans ce lieu dangereux.* C'est sur cet écri-
« teau que ma marraine m'a appris à lire;
« ainsi j'en suis bien sûr. — Mais l'écriteau
« n'y est plus. — Pardine, ça ne fait rien... il
« y a été, et tout le monde sait bien qu'à la
« *Petite-Hôtesse* d'Avignon, c'est comme à Lyon
« à la *Mort-qui-trompe,* personne n'en revient.
« — Vous voyez bien que tout le monde ne le
« sait pas, qu'on ne saurait le deviner, et qu'on
« peut en revenir.... » Enfin, tâchant de tirer
quelque chose de raisonnable de mon interlocuteur, je lui demandai où demeurait le
garde. « De l'autre côté de la ville, me dit-il :
« dans le faubourg. »

Il n'y avait pas lieu de traverser Avignon
dans mon costume par trop primitif, et je ne
me souciais pas d'avoir quelque chose à démê-
ler avec la police correctionnelle, sévère
gardienne des mœurs publiques... Mon garan-

cier, bon homme au fond, m'offrit d'aller jusqu'à sa demeûre, peu éloignée de son champ, pour me chercher des vêtements. En attendant, il me laisse sa blouse, et je me mets à sauter, à courir, à gesticuler pour tâcher de me réchauffer un peu, car le froid commençait à me saisir d'une manière assez inquiétante. Au bout de peu de temps mon homme revient, apportant des sabots, une paire de chaussons, un pantalon, une chemise et une vieille veste, avec un mauvais chapeau qui avait dû lui servir quand il fit sa première communion.

N'importe... j'étais trop heureux de me voir ainsi accoutré, pour me plaindre de mon costume plus que modeste; mais le malheur fut qu'en rentrant dans la ville pour aller chez le garde chercher mes habits, je rencontrai le bataillon qui était caserné au château, revenant de l'exercice!... Comme je connaissais deux ou trois officiers de ce bataillon, je me hâtai de me réfugier dans une allée pour n'être pas vu... Vain espoir! un des officiers m'avait reconnu!... Tous m'entourèrent bientôt, et me voilà contraint de les suivre à leur pension, où ils m'emmenèrent déjeuner.

Je laisse à penser quels rires homériques de leur part provoqua mon costume d'emprunt, et la stupéfaction du traiteur chez lequel ils mangeaient, à la vue de leur familiarité avec un homme aussi misérablement vêtu que je l'étais, car j'avais plutôt l'air d'un mendiant que d'un officier à demi-solde... En vain j'avais essayé de m'esquiver pour courir chez le garde : il n'y eut pas moyen, et il fallut boire le calice jusqu'à la lie. Heureusement de très-bon vin blanc, une excellente brandade de morue aux truffes et la plus joyeuse humeur, en tempérèrent considérablement l'amertume.

On a beau dire; la vie militaire a bien ses charmes : la plupart des officiers sont entre eux comme autant de frères. Il faut avouer pourtant qu'il n'y a de véritablement heureux que ceux qui, indépendamment des travaux de leur profession, savent se créer une occupation quelconque. J'ai toujours considéré comme bien à plaindre les militaires qui n'ont pour ressource contre l'oisiveté, c'est-à-dire contre l'ennui, que la pipe et le café.

CHAPITRE XVII

Je m'en retourne! — Vaucluse.

On ne s'arrête pas à Avignon sans aller visiter
la fontaine de Vaucluse, illustrée par Laure et
Pétrarque, j'en conviens, mais illustre par elle-
même, tant la scène est empreinte de grandeur
et de majesté. Je m'arrangeai donc avec une
sorte de *vetturino*, pour me conduire d'abord
jusqu'à la petite ville de l'Isle, à quatre lieues
d'Avignon, et plus loin, au besoin... Telles
étaient les conditions avec le conducteur enragé,
homme des plus entêtés qui aient jamais mangé
un morceau de pain sous la calotte des cieux.

Arrivé de bonne heure à l'Isle, je ne perds pas
mon temps, comme de certains gobe-mouches

auxquels on fait l'honneur de publier leurs noms (quelle gloire pour leur famille !) à deviner le logogriphe du journal de l'auberge, mais, mon album sous le bras, je croque, *au hasard du crayon*, quelques paysages ravissants de pittoresque.

Au bout de trois ou quatre heures, va te promener!... Une petite pluie se montre, qui bientôt prenant un volume respectable, chasse le dessinateur, lequel rentre, bien à regret, et trouve le conducteur du véhicule en train d'atteler sa rosse... « Ah ! mon brave, cela se trouve bien : « nous allons pousser jusqu'à Vaucluse. — « Comment ? est-ce que Monsieur ne revient « pas à Avignon ? — Mais non : pas encore. — « Oh ! bien, voilà le mauvais temps... moi, je « m'en retourne. — Bien obligé ? voulez-vous « que j'aille à pied à Vaucluse, par le temps « qu'il fait, à plus d'une grande lieue d'ici... et « il faut que j'y sois ce soir. — Ce sera comme « il plaira à Monsieur ; mais il fait trop mau-

« vais temps. Il est tard ; Gaudichette m'attend,
« et je m'en retourne... »

Il n'y eut pas moyen de faire sortir ce maudit homme de cette ornière : « Je m'en retourne ! » et je reconnus trop tard que j'avais eu tort de lui payer la course faite. Il fallait retenir son salaire en nantissement de la course à faire... Mais qui pouvait deviner cela, surtout d'après nos conventions ? Qui pouvait supposer aussi que cet homme était sur le point de se marier, et que ce colosse, car c'en était un, était si impatiemment attendu par Mlle Gaudichette ! *Aquel avortouné qué n'avé qué los os*, cet avorton qui n'a que les os, comme disait la femme de l'aubergiste, jalouse apparemment, ainsi que le sont *beaucoup* de femmes... Montaigne disait *toutes les femmes*... Mais le sire de Montaigne était un sceptique qui, à force de douter de tout, ne doutait plus de rien, et il n'était pas flatteur pour le beau sexe, témoin les premières lignes de certain chapitre : « Et les rois, et les philo-

« sophes... et les dames aussi... » Mais arrêtons-nous là, et retournons à l'Isle, où l'auteur de ces lignes se faisait passablement de mauvais sang dans sa discussion avec ce maudit voiturier, que j'aurais voulu de bon cœur voir piquer une simple tête dans cette Sorgue si claire qui coulait devant nous.

Enfin, toujours attelant et bridant sa rossinante, toujours jurant et fumant, il partit ventre à terre, m'abandonnant à ma destinée...

Hélas ! elle ne fut pas belle, cette destinée... La pluie ayant un peu cessé et mon hôte m'ayant assuré qu'au bout d'une lieue de chemin je trouverais immanquablement Vaucluse, et que, si je prenais par les prés, je n'aurais pas pour plus d'une demi-heure de chemin... je colle ma boîte à mon dos et je me mets en route...

O perfide aubergiste ! que te ferai-je, si jamais je te retrouve sur mon chemin ? En attendant, je te voue aux dieux infernaux. Me voilà donc dans les prés, assez légèrement vêtu, subissant, non sans maugréer, une pluie qui, de moment en moment, redoublait d'intensité, perdu dans les marais, véritable cloaque où je laissais mes souliers à chaque instant...

Connaissez-vous, par hasard, les lieues de la Provence et du Languedoc? Pour larges, elles ne le sont pas... mais pour longues!... c'est autre chose. Dieu vous garde d'avoir à les arpenter, ami lecteur, car vous les trouveriez aussi longues que le chemin nous paraît l'être quand on revient de chez une belle dame... ou quand on y va ; ce point n'est pas encore éclairci, pour moi.

Trempé comme une soupe, j'arrive donc au village de Vaucluse à neuf heures du soir... Nuit close, et aussi les portes, au travers desquelles on me crie, de maison en maison, que l'auberge est au bout du village... Et c'est ainsi que je fais mon entrée, fort peu triomphante, à l'auberge de *Pétrarque et Laure.*

A l'auberge de *Pétrarque et Laure*, comme partout dans le village, porte close... Il n'était pourtant que neuf heures du soir, l'heure où l'on va dans le monde à la ville; mais au village, c'est l'heure où l'on se couche... « — Pan! « pan! — Qui est là? — Un artiste mouillé jus- « qu'aux os. Ouvrez vite! — Ah! mon cher « monsieur, comme vous voilà fait! Suzette! « un bon feu! il ne sera pas de trop. — Non, « vraiment, monsieur l'aubergiste, surtout si « vous l'accompagnez d'un bon souper, et le « plus tôt possible, car je meurs de faim. — « Mon cher monsieur, que voulez-vous que je « vous donne? — Ce que vous voudrez. — C'est « qu'il n'y a rien. — Comment? il n'y a rien? « alors il n'est pas nécessaire de me demander « ce que je veux que vous me donniez... N'avez- « vous pas au moins des œufs? du fromage? « — Mon Dieu, non : je n'ai que du pain et des « noix. — Vrai repas d'anachorète, mon cher

« hôte... cherchez donc bien dans les coins de
« votre garde-manger. — Oh ! Monsieur, j'au-
« rais beau chercher : il n'y a rien. »

« Pan, pan ! — Qui est là ? — André. — Ah !
« Monsieur, vous êtes sauvé. — Sauvé ? je ne
« vois pas trop comment, ni ce qu'André peut
« faire pour mon souper. — Ce qu'il peut faire ?
« mais, Monsieur, il peut beaucoup, car, André,
« c'est le pêcheur, et sûrement il apporte du
« poisson. » A ces mots ledit pêcheur fait son
entrée en saluant la *compagnie*, et le voilà qui
étale sur la table, à la grande joie de votre serviteur, trois belles truites et environ un demi-
cent d'écrevisses superbes...

Que vous dirai-je, cher lecteur ? En un tour
de main mon hôte est à la besogne, et bientôt
une coquille d'écrevisses, des plus appétis-
santes, et une truite frite dans d'excellente
huile d'olive, me composent un véritable festin
de prince... — De prince ? — Oui, de prince...
Car, savez-vous bien quelles mains essentielle-

ment capables avaient daigné confectionner cette mirobolante coquille d'écrevisses?

Devinez, si vous pouvez, qui était venu s'installer dans cette misérable bicoque si délabrée, et décorée pourtant d'un titre si pompeux! Devinez quel était le propriétaire actuel de ces chambres nues, dépourvues de papier de tenture, dont les murs, peints à la colle en bleu clair, sont couverts de noms, tantôt seuls, tantôt accolés, et, dans ce dernier cas, l'un masculin et l'autre féminin, presque toujours avec une date au-dessous : date de bonheur, probablement, dont le souvenir, peut-être, ne vit plus que sur cette froide muraille : Ernest et Julie, 22 mai 1829.—Joseph H; Marie B, 11 juillet 1831, etc.; puis, çà et là, un cœur enflammé, ou deux cœurs percés de la même flèche... Oui, devinez, lecteur, quel est le grand-prêtre desservant ce temple du bonheur, et servant à table au besoin quand Suzette a été faire une commission dans le village, ou puiser de l'eau dans la Sorgue...

Vous n'y êtes pas ? — Vous avouez votre ignorance en ces choses (en ces choses seulement, c'est entendu...) Eh ! bien, ami lecteur, saluez : l'amphytrion de ce séjour enchanteur n'est ni plus ni moins que C..., l'ancien chef des cuisines du prince archi-chancelier, Cambacérès...

———

... Je me suis souvent demandé pourquoi la capacité de l'estomac n'était pas en rapport avec celle de la bourse, et ma réponse à moi-même a toujours été qu'en donnant à tous les hommes les mêmes organes et les mêmes besoins, Dieu avait voulu leur faire sentir qu'ils étaient tous égaux devant lui, et que la tempérance devait être une de leurs premières règles de conduite.

Mais qui s'astreint à cette règle? Quelques malades peut-être, s'imaginant qu'ils partiraient pour le grand voyage s'ils outrepassaient la quantité d'aliments permise par le médecin.

La tempérance!... ah! grand Dieu! est-ce ici le cas de parler de l'abominable *vomitorium* des Romains? A quel état de dégradation morale était donc descendu ce peuple pour en arriver là?

La tempérance!... prêchez-la, si vous voulez, à un Esquimau!... En moins de rien, il va ingurgiter douze à quinze livres de poisson, en se moquant de votre sermon... Il est vrai de dire qu'il faut à ces pauvres gens, pour résister au rude climat sous lequel ils vivent, une forte part d'aliments respiratoires : c'est pour eux une condition indispensable, le *to be or not to be*, que de brûler dans leurs poumons une grande masse de charbon, afin d'établir intérieurement dans leur organisation une chaleur suffisante pour contrebalancer l'effet du froid rigoureux auquel ils sont constamment exposés.

CHAPITRE XVIII

La célèbre fontaine. — Pétrarque
et Laure.

Il est cinq heures du matin... Debout! cher lecteur, c'est assez dormir. Habillez-vous promptement, et allons ensemble voir la célèbre *fontaine de Vaucluse*. Vous êtes prêt? eh bien, donnez-moi la main, fermez les yeux et laissez-vous conduire : je vais vous guider. Nous voici devant la maigre colonne élevée à la gloire de Pétrarque, colonne aussi petite que cette gloire est grande, et qui ressemble, dans sa médio-crité, à cette pyramide quadrangulaire qui *orne* une des promenades d'Amboise, et qui fut élevée à la mémoire de Chaptal.

Voilà bien la Sorgue, coulant déjà à pleins

bords, et déjà portant bateau, à deux cents pas de sa source ; voilà quelques fabriques installées sur les bords de la rivière et qui utilisent, au profit de leurs propriétaires, la rapidité de son cours... mais n'ouvrez pas les yeux encore : il n'est pas temps ; tout cela n'est que très-ordinaire. Avançons, avançons encore un peu... regardez, maintenant, regardez, et admirons ensemble ! Oh ! oui, admirons, car nous voici devant une magnifique scène. Au fond du tableau, devant nous, un immense rocher, aux tons gris et rougeâtres, coupé à pic, comme une prodigieuse muraille de deux cents mètres de hauteur. A droite et à gauche, d'autres rochers, aux pentes rapides, complètent l'encaissement d'un réduit d'où l'on voit sourdre la célèbre fontaine. Elle s'élance d'une grotte creusée par les eaux elles-mêmes au pied du rocher perpendiculaire.

Au-dessus de la grotte se trouve un figuier, qui a ses racines dans les fissures du roc, figuier bien connu des peintres et des touristes. La grotte est irrégulièrement ovale, le grand arc obliquement situé de la droite à la gauche du spectateur. En ce moment, les eaux de la fontaine sont basses, et le niveau de l'eau qui se trouve dans le bassin creusé dans la grotte parait tranquille. Toutefois l'eau s'en échappe par des crevasses souterraines, et prenez garde où vous mettrez le pied..., car çà et là on voit surgir soudain une source qui s'est ouvert un chemin à travers les fragments de roches accumulées devant la grotte, et qui s'étale en bouillonnant sur les mousses et sur les lichens qui tapissent ces lieux sauvages.

Et n'allez pas croire que cette placidité de la fontaine est éternelle... Souvent le volume de ses eaux est tel, qu'il remplit entièrement l'ouverture de la grotte, d'où il se précipite en torrent furieux, renversant tout sur son passage, jusqu'à ce qu'il trouve un lit assez profond pour le contenir, ce qui arrive non loin de son point de départ, et un peu au-dessus du pont jeté sur la Sorgue, à laquelle il donne naissance.

Sur la droite du spectateur, les ruines d'un vieux château-fort dominent un rocher assez élevé, et sur la gauche, une roche conique rétrécit encore l'étroit sentier qui conduit à la fontaine. Dans ce dernier rocher, une crevasse naturelle offre au touriste un lieu de repos et de méditation, auxquels le doux bruit des eaux qui s'échappent en cascades ajoute un nouveau charme. Ces eaux ont la transparence et la pureté du cristal. Quant aux ruines du soi-disant château de Pétrarque, *non concedo*. Le poëte immortel posséda quelques bénéfices, non à titre de clerc, assurément, quoique le pape Benoît XII l'eût nommé chanoine de Lombez ; mais un château-fort à Pétrarque ! qu'en eût-il fait ? lui, l'homme le plus doux, le plus bienveillant du monde... Sa maison, à Vaucluse, était une simple maison de paysan qui ne subsiste plus. Les ruines qui font un si bel effet dans le paysage actuel sont celles du château de Philippe de Cabassole, évêque de Cavaillon, et ami de Pétrarque.

Ce fut le 6 avril 1327, le lundi saint, que Pétrarque vit pour la première fois la belle Laure, à six heures du matin, dans l'église de Sainte-Claire, à Avignon. Laure de Noves, épouse de Hugues de Sade, avait alors vingt ans. Elle était blonde, fraîche : ses yeux, de la plus belle forme, exprimaient la candeur de son âme, l'innocence de ses pensées et quelque chose de la tristesse d'un esprit élevé que le devoir place et maintient dans l'oppression. Il faut dire que son mari, jeune homme distingué par sa naissance et sa fortune, était d'un caractère difficile, et son humeur impérieuse devait rendre pénible la vie intérieure.

La rencontre de Laure décida de la vie de

Pétrarque : tous ses moments furent employés à la chercher, à la suivre, à la chanter. L'usage du temps autorisait la publicité de cet amour, que la sagesse de l'objet aimé renferma toujours dans les bornes du plus strict devoir. Ne pouvant voir Laure que dans le monde, Pétrarque lui sacrifia son goût pour la solitude. Ses succès littéraires ne consolant point l'amant de ses peines, il quitte brusquement Avignon et va chercher dans les sombres Ardennes une paix qu'il ne trouvait plus ailleurs... Mais Pétrarque ne pouvait vivre éloigné de Laure et de Vaucluse...; il revint en Provence, et son amour, les grâces, les vertus de Laure, les eaux de la Sorgue et les prés qu'elle arrose lui inspirèrent ces sonnets et ces *canzoni*, objets de l'admiration de son siècle et de ceux qui suivirent.

Pétrarque profita de l'aisance que lui procuraient ses bénéfices pour visiter l'Italie, d'où il revint dans sa maison de Vaucluse écrire une histoire de Rome et l'épopée latine l'*Africa*.

Cependant, contre son attente, c'était sur ses vers italiens que se basait sa renommée. Au milieu d'une fête, l'empereur, passant par Avignon, s'informa laquelle des dames qui l'entouraient se nommait Laure, et sollicita courtoisement la permission de baiser les *beaux yeux* qu'avaient célébrés de si beaux vers. Ce trait suffit pour faire connaître quelle était la réputation de Pétrarque. Mais il acquit d'autres titres à la gloire, quand, sa mélancolie le forçant à changer de lieux, il fut, pendant ses divers voyages en Italie, chargé de négocier la paix entre plusieurs des princes et des républiques qui se partageaient ce pays.

Aimé et respecté de tous pour la loyauté de son caractère, proclamé le plus grand génie de l'époque, Pétrarque reçut, pendant son séjour en Provence, l'invitation de se rendre à Rome pour s'y faire couronner, comme le premier des poètes de son siècle. Il se rendit dans cette ville en passant par Naples, où il soutint pendant trois jours un examen sur l'histoire, la littérature et la philosophie, avec un tel éclat, que le savant roi Robert, émerveillé, se dépouillant de sa robe, le pria de l'accepter et de la porter le jour de son couronnement.

Le jour de Pâques, 8 avril 1341, Pétrarque monta au Capitole recevoir la couronne de laurier, qu'il alla ensuite déposer sur l'autel de Saint-Pierre, à travers une foule dont les acclamations n'exprimaient que l'enthousiasme éprouvé pour le grand homme dans tout le monde civilisé. Il était à Vérone, en 1348, lorsqu'il apprit que le 6 avril de cette même année, Laure était morte le même jour, à la même heure, où pour la première fois il l'avait rencontrée. Quoique Laure eût plus de quarante ans et qu'elle fût mère de onze enfants, elle n'avait perdu aucun de ses attraits aux yeux de Pétrarque ; il continua à la chanter tristement, et ne chanta qu'elle.

Disposé par la mort de Laure aux méditations les plus graves, Pétrarque se retira du commerce du monde pour se livrer aux exercices religieux, qu'il n'interrompait que pour l'étude. Sexagénaire, il se mit à apprendre de nouveau le grec. Lorsque, plus tard, il se retira à Arqua, il occupait cinq secrétaires. Enfin, épuisé par les jeûnes, la pénitence et l'excès du travail, il fut trouvé mort dans sa bibliothèque, le 18 juillet 1374. Tous les habitants de Padoue assistèrent à ses funérailles, et il fut pleuré de tous les hommes illustres ses contemporains, dont il avait été l'ami ou le bienfaiteur.

A ceux qui connaissent les délicieux sonnets de Pétrarque, je n'ai rien à dire... mais pour donner à ceux qui ne connaissent pas ces charmantes poésies une idée de sa manière de travailler, je citerai un sonnet pris au hasard... et je tombe sur le xcii^e :

In mezzo di duo amanti, etc.

22.

« Il advient que Laure, se promenant avec
« Pétrarque, se trouve incommodée par les
« rayons du soleil qui brillait de l'autre côté,
« et se tourne vers Pétrarque ; au même ins-
« tant, le soleil se couvre d'un nuage. Sur cela,
« le poète suppose que le soleil est son rival,
« amant, comme lui, de la belle Laure, et que
« c'est de honte qu'il se cache, parce qu'en se
« tournant du côté de Pétrarque, Laure semble
« donner la préférence à ce dernier. A cette
« pensée, la jalousie du poète se convertit en
« une douce joie. »

Ce sonnet est charmant... l'idée de rendre le
soleil rival de Pétrarque est essentiellement
ingénieuse et poétique. On voit combien peu il
fallait au poète immortel pour édifier de ravissantes choses. La demeure de Laure était au
delà de la vallée, et, pour voir l'habitation de
celle qu'il aimait, Pétrarque était obligé de
gravir un rocher très-escarpé... Là-dessus un
sonnet fort élégant (xciv) :

Se'l sasso ond'è più chiusa questa valle, etc.

Si Pétrarque veut faire part à un ami d'un voyage périlleux qu'il a fait d'Avignon à *Val-chiusa* (1), c'est dans un fort joli sonnet (xc) :

Qui, dove mezzo son, etc.

Une de ses pièces les plus remarquables est la *Canzone* xiv, qu'il intitula : *Les Souvenirs champêtres :*

Chiare, fresche e dolci acque, etc.

Pétrarque décrit dans cette admirable pièce (la plus belle entre toutes celles du même genre, non-seulement de l'illustre poète, mais encore de toute la poésie italienne) les lieux et les circonstances où il vit Laure pour la première fois, et combien sa beauté lui parut merveilleuse.

Ce qui est à regretter, c'est qu'il en est de

____

(1) *Valle chiusa*, la *Vallée fermée*, dont on a fait *Vaucluse*.

Pétrarque comme de Shakespeare. Le grand nombre d'années écoulées depuis ces immortelles créations, ont apporté dans la langue de tels changements, de telles modifications, que les ouvrages de ces deux puissants génies sont très-difficiles à traduire.

Le Rime de Pétrarque ont eu beaucoup d'éditions. Une des plus curieuses, à cause des notes extraites de divers commentateurs, qu'elle contient, est celle de *Romualdo Zotti,* qui appelle Pétrarque le *poète des grâces et des amours.*

. . . .

. . . .

Deux jours passés à Vaucluse n'avaient pas suffi pour amortir l'enthousiasme que m'inspiraient ces beaux lieux... Il fallait néanmoins les quitter, et je venais de prier mon hôte de vouloir bien faire ma petite note, quand une chaise de poste s'arrête devant l'auberge... Un valet en livrée quitte le siége de devant, et demande pour mylord un raisin, un biscuit, et un verre de vin de Bordeaux...

C... s'empresse d'apporter sur un plateau ce qui lui est demandé... Mylord, impatient d'aller voir la fontaine, comme un touriste enragé qu'il était, absorbe en un temps et trois mouvements ce qui lui est apporté, et demande : « *Combienne ?* — Vingt francs. — Voilà, monsieur. » —C... parlait fort bien anglais. Un petit colloque amical s'établit entre lui et mylord ; la voiture part et je reste tout ahuri, épouvanté... Vingt francs la mince collation de tout à l'heure !... et moi, qui suis ici depuis deux jours ! trois bientôt ! que sera-ce, grand Dieu ! Je secouais ma bourse avec tristesse quand parut mon hôte, le souris sur les lèvres...

« Ah ! bourreau, disai-je en moi-même, tu ris

« d'avance à la pensée de joindre aux dépouilles

« d'un riche anglais celle d'un pauvre artiste...

« Puisse Satan te tordre le cou, comme tu le

« tords à tes poulets ! » Cependant je jette, en

frémissant, un regard sur la note, et je lis ceci :
Coucher, trois nuits ; un souper, deux déjeuners
et deux dîners, total : 8 fr. Huit francs ! Je n'en
revenais pas... Le bon C... s'apercevait de mon
étonnement. — « Eh ! bien, me dit-il, trouvez-
« vous que ce soit trop cher ? — Ma foi non,
« mon cher hôte ; au contraire, je suis tout
« surpris, d'après ce que j'ai vu tout à l'heure
« à la porte... — Oh ! reprit C..., en hochant la
« tête d'une façon très-significative, *on sait son*
« *monde :* un Anglais qui voyage pour s'amu-
« ser, est un *Anglais ;* un artiste qui voyage
« pour travailler, est un *artiste.* » Et moi qui
accusait le sourire de ce brave homme ! Le bon
Courtois souriait de plaisir à l'idée qu'il avait
obtenu de Mylord la permission de me faire
monter dans sa chaise de poste pour me ramener à Avignon... ce qui eut effectivement
lieu, au grand contentement de votre serviteur.

CHAPITRE XIX

—

Léonard de Vinci.

Vous le savez, cher lecteur, mon voyage d'artiste ne se fait pas tout d'un trait... Une fleur, un insecte que je trouve sur mes pas m'arrête quelquefois très-longtemps ; — par sa nature, un peintre est observateur; — quand se présente à nous un monument considérable, nous faisons halte pour l'admirer à loisir, nous en examinons l'ensemble, l'effet général; puis viennent les détails, les mesures en hauteur, en largeur et longueur. Ainsi d'un homme de génie, quand il se rencontre sur notre chemin... Ne pouvant nous élever à sa hauteur, nous cherchons, en l'analysant, à nous assimiler, par la pensée, quelques-uns des puissants moyens que Dieu lui a départis.

Naguère c'était Pétrarque ; maintenant voici venir Léonard de Vinci, ce génie universel, dont la récente cavalcade historique de bienfaisance d'Amboise a réveillé la mémoire avec tant de succès. Léonard de Vinci est donc là, debout sur ma route, et un artiste ne passe pas devant une figure aussi colossale sans en prendre au moins un croquis.

« Eh ! Monsieur le peintre, qui vous parle de Léonard de Vinci, et à quoi bon le mettre en scène ? » — Qui m'en parle ? Pardine, comme disait le garancier, une admirable page de ce grand homme, que je viens d'admirer pendant près de trois heures chez M. Dav***: c'est une tête de vierge, de la plus grande beauté, d'un coloris, d'une finesse de touche admirables et d'une expression !... Où diable M. Dav*** a-t-il été dénicher ce trésor? C'est ce qu'il ne m'a pas dit, et ce que je n'ai pas eu l'indiscrétion de lui demander, quoiqu'il fût un ancien ami de ma famille. Mais puisque ce tableau nous met en face d'un artiste immortel, nous allons, s'il vous plaît, l'analyser ; il nous en restera toujours quelque chose.

Léonard naquit au château de Vinci, dans le Val d'Arno, assez près et au-dessous de Florence. Son père, qui était peu favorisé de la fortune, l'ayant vu souvent dessiner lorsqu'il n'était encore qu'enfant, le mena à Florence et le plaça chez le peintre André Verocchio, son ami, qui avait alors une assez grande réputation.

Léonard trouva chez son maître de quoi contenter la forte inclination qu'il avait pour tous les arts qui dépendent du dessin ; car André n'était pas seulement peintre, il était aussi sculpteur, architecte, graveur et orfèvre. Léonard profita si bien des leçons de Verocchio, et fit de si grands progrès sous sa conduite, qu'il le surpassa lui-même.

Cela parut, pour la première fois, dans un

tableau du Baptême de Notre-Seigneur, qu'André avait entrepris pour les religieux de Valombreuse, près de Florence. Il voulut que son élève l'aidât à le faire et il lui donna à peindre la figure d'un ange qui tient des draperies ; mais il s'en repentit bientôt, car la figure que Léonard avait peinte effaçait toutes celles du tableau (1). André en eut tant de chagrin, que, quittant dès lors la palette, il ne se mêla plus de peinture.

Léonard crut alors n'avoir plus besoin de maître et se mit travailler seul. Il fit plusieurs tableaux qu'on voit à Florence, n'épargnant ni temps, ni soins pour qu'ils fussent parfaits : le beau portrait de la Joconde, qui est au musée du Louvre, lui coûta quatre ans de travail.

Jamais peintre n'a peut-être mieux connu la théorie de son art que Léonard. Il était savant

____

(1) La belle tête d'ange, de la main de Léonard, qui existe encore dans la chapelle du château du Clos-Lucé, à Amboise, dans l'angle supérieur gauche, en faisant face à la fenêtre, justifie parfaitement ce fait.

dans l'anatomie, il avait bien étudié l'optique et la géométrie ; il faisait continuellement des observations sur tout ce que la nature présente aux yeux. Tant d'études et tant de réflexions lui acquirent toutes les connaissances qu'un grand peintre peut avoir, et en firent l'homme le plus savant qui ait été dans cet art. Il ne se contenta néanmoins pas de ces connaissances ; comme il avait un esprit universel et du goût pour tous les beaux-arts, il les apprit tous et y excella. Il était ingénieur et bon architecte, sculpteur habile, intelligent en mécanique ; il avait la voix belle, savait la musique et chantait fort bien. S'il avait vécu dans les temps fabuleux, les Grecs auraient sans doute publié qu'il était fils d'Apollon, le dieu des Beaux-Arts ; ils n'auraient pas manqué d'appuyer leur opinion sur ce que Léonard faisait bien les vers, et qu'il avait lui seul tous les talents que les disciples d'Apollon se partagent entre eux. Il ne reste malheureusement qu'un seul sonnet de Léonard ; c'est le sonnet moral qui commence par cet excellent conseil :

Chi non può quel che vuol, quel che può voglia, etc.

« Que celui qui ne peut faire ce qu'il veut, veuille ce qu'il peut faire ! »

Ses autres poésies se sont perdues, au grand regret des gens de lettres.

Ce qui doit surprendre le plus dans Léonard, c'est qu'il se plaisait à des exercices fort éloignés de son art ; il maniait agréablement un cheval et se plaisait à paraître bien monté ; il faisait fort bien des armes, et l'on ne voyait guère de son temps de cavalier qui eût meilleur air que lui. Tant de belles qualités, jointes à des manières fort polies, à une conversation charmante, à un son de voix agréable, en faisaient un homme des plus accomplis : on recherchait avec empressement sa conversation, et l'on ne se lassait jamais de l'entendre.

La réputation de Léonard se répandit bientôt

dans toute l'Italie, où il était regardé comme le premier homme de son siècle, pour la connaissance des beaux-arts.

Le duc de Milan, Louis Sforce, surnommé le More, le fit venir à sa cour et lui donna 500 écus de pension. Ce prince, qui venait d'établir une Académie d'architecture, voulut que Léonard y entrât, et ce fut le plus grand bien que le duc pût faire à cette Société.

Ce prince, ayant formé le dessein de faire un nouveau canal pour conduire de l'eau à Milan, Léonard fut chargé de l'exécution de ce projet, et s'en acquitta avec un succès qui surpassa tout ce qu'on pouvait attendre.

—————

Le canal construit par Léonard de Vinci existe encore et porte le nom de canal de Mortesana ; sa longueur est de plus de deux cent soixante-quatre kilomètres ; il passe par la Valteline et par la vallée de Chiavenna, portant jusque sous les murs de Milan les eaux de l'Adda, et avec elles la fertilité dans les campagnes et l'abondance dans la ville, par les ressources du Pô et de la mer.

Léonard eut bien d'autres difficultés à vaincre en faisant ce canal, que celles qu'on avait rencontrées en travaillant à l'ancien canal qui porte les eaux du Tesin de l'autre côté de la ville, et qui avait été fait deux cents ans auparavant, du temps de la République ; mais malgré tous les obstacles, il trouva moyen de faire monter et descendre des bateaux par dessus les montagnes et dans les vallées.

Pour exécuter ce dessein, Léonard s'était retiré à Vaverola, où MM. Melzi avaient une maison : il y avait passé quelques annés, occupé de l'étude de la philosophie et des mathématiques, et il s'était fort appliqué aux parties qui pouvaient lui donner des lumières sur l'ouvrage qu'il entreprenait. Il joignit à ces travaux de profondes recherches sur l'antiquité et l'histoire. Il remarqua comment les Ptolémées avaient conduit l'eau du Nil en différents endroits de l'Egypte, de quelle manière Trajan établit un grand commerce à Nicomédie, en rendant navigables les lacs et les rivières qui sont entre cette ville et la mer.

Après que Léonard eut travaillé pour la commodité de la ville de Milan, il s'occupa par les ordres du duc à l'embellir et à l'orner de ses peintures. Le prince lui proposa de faire un tableau de la Cène de Notre-Seigneur pour le réfectoire des Dominicains de Notre-Dame de la Grâce. Léonard se surpassa lui-même dans cet ouvrage, où l'on voit toutes les beautés de son art répandues d'une manière qui surprend; le dessein est grand et correct, l'expression belle et noble, le coloris charmant et précieux; les airs de tête y sont bien variés : on admire surtout les têtes des deux saints Jacques; car celle du Christ n'est pas achevée. Léonard avait une si haute idée de l'humanité sainte, qu'il crut ne pouvoir jamais exprimer l'idée qu'il s'en était formée.

Le prieur des Dominicains, homme avare et cupide, au gré de qui le travail de Léonard ne marchait pas assez vite, en faisait souvent des reproches à l'artiste et osa même s'en plaindre au duc, qui l'accueillit fort mal. Quant à Léonard, sa vengeance fut de donner à Judas les traits et l'air de bassesse de la physionomie du prieur.

Cet ouvrage a toujours été regardé comme le plus beau qui soit sorti des mains de Léonard, et François Ier le trouva tel, quand il le vit à Milan, qu'il voulut l'avoir et le faire porter en France ; mais cela ne put se faire, parce que ce tableau est peint sur un mur, et occupe une espace de plus de dix mètres. François Ier en fit faire la copie qui est à Paris, et Lomazzo, élève de Léonard, en a fait aussi une copie grande comme l'original, copie qui est à Milan, dans l'église de Saint-Barnabé.

Quant au chef-d'œuvre lui-même, il est malheureusement aujourd'hui presque entièrement gâté. D'abord Léonard l'avait peint à l'huile sur un mur qui n'était pas bien sec ; de plus, lors des guerres d'Italie, le couvent ayant servi plusieurs fois à loger des troupes, les soldats imaginèrent de faire dans la salle du réfectoire d'immenses feux, dont la fumée concourut à gâter cette magnifique page ; enfin, quelques misérables s'avisèrent de prendre pour but et le Seigneur et les Apôtres, et tirèrent contre le tableau nombre de coups de fusils.

En 1500, après la défaite de Louis le More, qui fut amené prisonnier en France et mourut au château de Loches, Léonard voulut voir Rome ; mais il n'y éprouva que mortifications et dégoût, par les propos injurieux qu'on répandait contre lui, et par la préférence que Léon X donnait à Michel-Ange.

Ainsi, Rome ne sut point profiter des talents

universels de Léonard, qui se rebuta enfin, et qui, se voyant apprécié et appelé par François Ier, passa en France, où il trouva dans la bonté de ce prince de quoi se dédommager des chagrins qu'il avait éprouvés à Rome. Il avait plus de soixante-dix ans quand il entreprit ce voyage ; mais l'honneur de servir un si grand roi le soutenait et semblait lui donner des forces.

Léonard de Vinci mourut âgé de plus de soixante et quinze ans, regretté de tous ceux qui faisaient cas des beaux-arts, et honoré de l'estime d'un grand roi. Il ne voulut jamais se marier, pour pouvoir travailler avec plus de liberté.

Il mourut à Amboise, dans son château du Cloux ou du Clos-Lucé, entre les bras du roi, et fut inhumé dans l'église de Saint-Florentin-du-Château, comme cela résulte des fouilles et des recherches pratiquées en 1864, par M. Arsène Houssaye, inspecteur général des beaux-arts, sur l'ordre émané de S. Exc. le ministre de l'intérieur. La pierre tumulaire du grand artiste a été retrouvée, brisée, il est vrai ; mais sur les fragments on lisait : EON   D   INCI A ESTE... Le reste manque ; sans doute il y avait : Léonard de Vinci a esté inhumé, etc... Les ossements de Léonard ont été recueillis avec soin pour être placés sous le monument qui doit être érigé à la place où fut l'église, place maintenant couverte d'arbres et de gazon...

« Triste retour des choses d'ici-bas ! »

Puisse bientôt s'élever un monument commémoratif digne du nom et du génie d'un si grand homme !

J'ai tenu dans mes mains le crâne de Léonard de Vinci, et j'ai baisé avec respect ce beau et noble front, dont le développement considérable révèle à lui seul une vaste intelligence. Le temps a revêtu d'une teinte chaude et dorée ces vénérables restes, dont je possède une photographie bien réussie. C'est un type comme grandiose et comme ampleur, comme beauté de formes. On reste saisi d'étonnement en comparant ce crâne à celui d'un homme à intelligence ordinaire.

Après la mort de Léonard, on réunit ses ouvrages en treize volumes; ils étaient écrits à rebours, comme les livres hébraïques, et en caractères fort menus.

Il est extrêmement regrettable que ceux qui possèdent ces ouvrages en refusent la communication au public (1). Il n'y en a eu qu'un seul de publié, en italien et en français : c'est le beau traité sur la peinture.

(1) On connaît les titres de quelques-unes de ces œuvres : il y a un *Traité de la nature, de l'Équilibre et du Mouvement de l'eau;* un *Traité d'anatomie,* accompagné de beaucoup de dessins de la main de Léonard; un *Traité d'anatomie et de figures de chevaux;* un *Traité de la perspective;* un *Traité de la lumière et des ombres,* qui est aujourd'hui dans la bibliothèque Ambroisienne; un *Traité de l'équilibre du corps,* et enfin un *Traité du Mouvement des corps.*

CHAPITRE XX

—

Carpentras.

Cependant le bruit s'était répandu à Avignon
qu'un peintre de Paris venait d'arriver dans la
ville, et le matin même du jour où l'artiste
devait partir pour Nîmes, il reçut la visite d'une
dame d'un certain âge, qui n'en était pas
moins dans un état excessivement intéressant.

« — Monsieur, j'ai l'honneur de vous saluer.
Vous habitez Paris? — Oui, madame. — Vous
peignez le portrait? — Oui, madame; je suis
élève de Dubufe. — Cela étant, monsieur,
comme je désire beaucoup avoir le portrait de
mon mari, je vous serai très-obligée si vous

voulez bien vous en charger. — Assurément, madame ; veuillez me donner votre adresse, et après déjeuner j'aurai l'honneur d'aller chez vous. — Oh ! monsieur, il faudrait que vous pussiez venir de suite... vous déjeunerez à la maison... ma voiture est en bas. — Comment ! votre voiture ? et où allons-nous donc ? — A Carpentras. »

Je pensai tomber de mon haut à cette parole... En vain je fis observer à cette dame que Carpentras n'était pas sur mon itinéraire, que j'avais peu de temps à moi... Il n'y eut pas moyen de s'en tirer ; j'avais affaire à un esprit résolu et tenace : « J'ai votre parole, monsieur, et certainement je ne vous la rendrai pas. Ainsi, prenez tout ce qu'il vous faut et partons. Il est déjà tard. » Il fallut donc, bon gré, mal gré, s'exécuter. Il s'agissait d'ailleurs de contenter une femme enceinte : ce n'était pas une petite affaire. Qui sait ? si j'eusse refusé, l'enfant à venir eût peut-être ressemblé au mari...

cela s'est vu. J'endosse donc une redingote, je prends ma boîte à couleurs sous un bras, et offrant l'autre bras à la dame pour qu'elle pût descendre l'escalier sans accident, nous trouvons effectivement, devant l'hôtel, une voiture qui nous attendait.

« Mais nous n'avons pas de toile préparée? — Ne vous en préoccupez pas; Avignon est une ville de ressources, et je connais un magasin où nous allons trouver ce qu'il nous faut, même des couleurs et des pinceaux, si vous en avez besoin. » En effet, peu après nous arrivons audit magasin, où la dame, consultée sur la grandeur qu'elle voulait donner au portrait, choisit une toile de douze, et fouette cocher !

Êtes-vous allé à Carpentras, lecteur? — Non? Eh bien! allez-y; car c'est une charmante petite ville, entourée de murs moyen âge, à mettre sous verre et dans une ravissante position; de belles promenades, une plaine magnifique, ornée d'un aqueduc à perte de vue, et le mont

Ventoux en perspective. Quant à celui-ci, son nom est très-significatif, et je ne conseille pas aux personnes à poitrine délicate d'aller y fixer leur séjour.

Nous voilà donc arrivés dans une très-jolie maison bourgeoise, où l'on nous attendait. Je prie la dame de vouloir bien me présenter à son mari. « Ce sera pour plus tard; mon mari n'est pas là. C'est aujourd'hui sa fête, et comme nous lui réservons plusieurs surprises, on a soin de le tenir, autant que possible, loin de la maison, pour avoir le temps de tout disposer. — Mais, à ce compte, madame, nous ne commencerons donc le portrait que demain? — Sans doute. — Diantre! cela ne m'arrange pas trop. — Il faut bien que vous ayez la bonté d'en prendre votre parti; si je ne vous avais pas amené, vous alliez nous échapper. »

Madame G... n'avait pas plutôt achevé ces mots que son mari rentra. La dame n'était pas de trop bonne humeur de cette rentrée imprévue, et ma présentation s'en ressentit. Toutefois, comme on allait se mettre à table, il fallut bien que le mari prit sa part du déjeuner. Mais madame G... s'évertua, après le café, pour empêcher son mari de circuler dans les autres parties de la maison; bien plus, et je considérerai toujours cela comme un véritable tour de force, elle sut lui persuader qu'il devait se rendre à la ferme au plus tôt, et, s'il vous plait, cette ferme était située à plus d'une lieue et demie, à l'extrémité de l'aqueduc, très-pittoresque, j'en conviens, mais qui n'en finit pas et qui va (où? — je ne sais; peut-être au pied du mont Ventoux) chercher l'eau potable nécessaire à la consommation de la ville.

Enfin l'heure du dîner arriva et aussi M. G..., qui, en sa qualité de lieutenant des sapeurs-pompiers, trouva sous les armes, devant sa maison, une grande partie de sa compagnie, avec la fanfare, qui l'accueillit par les airs :

Où peut-on être mieux qu'au sein de sa famille,

Heureux père, etc.; des fleurs partout dans la maison; tous les parents et amis réunis, et enfin le couvert mis dans la salle à manger, avec une immense couronne en papier doré, en feuillage et en fleurs, suspendue au-dessus de la place du maître de la maison; sur la table une espèce de citadelle en pâte sucrée cuite, avec force canons en sucre d'orge, des dragées et pralines pour munitions à la fois de guerre et de bouche, et sur le donjon un joli petit casque en or, très-bien travaillé et destiné à être porté en breloque.

Lors de l'entrée triomphale de M. G..., un petit cousin long d'un aune, aidé par un sapeur-pompier qui se mêlait un peu d'artifices (de quoi ne se mêle-t-on pas aujourd'hui?), tira dans le jardin une salve de boîtes qui produisit un effet magnifique et servit de signal pour se mettre à table. En ce moment solennel, une enfant de huit ou neuf ans, fille d'un tambour de la Compagnie, toute de blanc vêtue, et un gros bouquet enrubanné à la main, s'avança pour débiter un compliment... Malheureusement elle resta court, et l'on n'en put jamais tirer que ces mots : « Messieurs et dames... « j'ai l'honneur de vous saluer... j'ai... j'ai « l'honneur de vous saluer... » Vainement le père, un gros bonhomme à la face réjouie, bourrait le dos de la pauvre enfant avec ses baguettes, la petite n'en était que plus intimidée et recommençait sur nouveaux frais : « Messieurs et dames... etc. » Enfin M. G... mit fin à son embarras en prenant le bouquet et en la baisant sur les deux joues (bien rouges assurément) avec force remerciements. Les officiers prirent part au dîner avec nous, et un repas mirobolant fut servi dans une grande remise pour le reste de la Compagnie.

Je laisse à penser au lecteur si le dîner fut gai dans la salle à manger et dans la remise; après quoi, pendant que les braves sapeurs-pompiers étaient en extase devant un immense

bol de punch dont ils ne se pressaient pas d'é-
teindre la flamme, contrairement aux habitudes
de ce corps si dévoué et si utile, le reste de la
société passa dans le salon, très-illuminé pour
la circonstance, et où l'on mit le piano à contribution. Mais le mauvais sort se glisse partout : une sœur de madame G..., qui devait
accompagner le chant et faire danser ensuite,
fit défaut, étant malade depuis le matin. Il ne
restait donc, pour ce double office, qu'une jeune
cousine qui accompagnait en dépit de tout bon
sens. L'artiste s'avança alors modestement et
offrit ses services. « Vous êtes donc aussi mu-
sicien?—Oui, madame... Autre métier à mourir
de faim, mais assurément autre part que chez
vous. » Aussitôt on m'installe avec reconnaissance sur mon trône du moment, simple
tabouret de piano, et les chanteurs et chan-
teuses se succèdent... Mais toutes leurs ro-
mances étaient si pathétiques, si langoureuses,
que, dans un entr'acte, l'idée me vint d'atta-

quer inopinément une de mes chansonnettes :
Que je voudrais être cheval! L'effet de cette
boutade fut immense et le succès complet. Il
en fut ainsi des quadrilles et des valses dont
l'artiste ne fit pas faute à la société jusqu'au
lever de l'aurore, que chacun jugea à propos
d'aller se coucher, et peut-être le lecteur se
dispose-t-il à en faire autant... c'est pourquoi
j'ai l'honneur de lui souhaiter une bonne nuit.

———

Dès le lendemain de cette mémorable journée, nous commençâmes le portrait, qui marcha
à souhait. Le modèle avait une figure très-
caractérisée et peu de physionomie... circonstance heureuse pour un peintre, et indice d'un
moral paisible; car il faut saisir au vol une
personne dont les traits sont fort mobiles, par
suite d'un caractère volage et pétulant. Je ne
veux pas faire au lecteur l'injure de supposer

qu'il croit à la ressemblance d'un portrait quand le physique seul est représenté; il faut qu'on puisse lire au fond de l'âme du modèle dans son portrait, comme on peut lire dans cette âme sur sa figure même. En un mot, un portrait doit ressembler au moral et au physique. C'est une des raisons pour lesquelles Rubens et Van-Dyck, son élève, qui vivaient, du reste, en grands seigneurs qu'ils étaient, retenaient toujours à dîner les personnes que ces artistes de génie devaient peindre, afin d'avoir tout le temps de les faire causer et de pénétrer dans leur moral aussi avant que possible.

Toujours est-il que le portrait fut ce qu'on appelle *très-réussi*, soit dit sans flatterie pour le peintre. Dans ce portrait, on reconnaissait l'original d'une lieue, et il n'était pas fini qu'il m'en était déjà demandé plusieurs autres. Mais j'avais consenti à faire celui-ci par complaisance, et d'ailleurs madame G... m'avait, pour ainsi dire, pris au piége; j'avais conservé toute liberté d'action relativement aux autres. Aussi, voulant, sans plus de délai, me rendre à Nîmes, dus-je promettre à mes nouveaux clients de revenir, dans trois semaines, passer un mois ou deux dans une ville où j'étais si bien accueilli : ce qui eut lieu effectivement. L'artiste fut extrêmement recherché et fêté à ce second séjour, tant pour ses portraits que pour sa musique ; on organisa des soirées et des quatuors à son intention, et j'avoue qu'il garde encore un très-bon souvenir de l'excellente famille G..., ainsi que de M. de Raoul et de quelques autres personnes.

. . . .

Deux choses sont à voir à Carpentras, qui, semblable à certaines *femmes âgées* (1) cache ses années sous des ajustements coquets :

1° Un arc de triomphe romain, très-mutilé

(1) Je n'ai pas connu, jusqu'à présent, de vieille femme, ou du moins qui voulût l'être.... *une femme n'a jamais trente ans.* D'ailleurs une femme qui reste aimable et gracieuse ne vieillit pas.

il est vrai, très-fruste, mais offrant encore de belles et intéressantes parties, notamment des esclaves barbares enchaînés deux à deux. (C'était nous, *Proh! pudor*, pauvre Gaulois d'alors, qui faisions les frais de cette exhibition.....)

Des trophées d'armes, des boucliers, des carquois, des faisceaux de flèches complètent l'ornementation de ce monument, dont le goût assez douteux marque déjà l'époque de la décadence des arts chez le grand peuple.

2° Un portrait du temps, de Masaniello, dont le nom, peint dans un coin du tableau, est écrit : Tomaso Aniello. Le célèbre dictateur éphémère est représenté dans son costume de pêcheur, un petit bonnet grec sur la tête et un cimeterre au côté; la mer au second plan, le Vésuve dans le fond. Cette peinture, d'une assez bonne main, est déposée à la bibliothèque publique. Comment y est-elle venue? c'est ce que je ne sais pas et ce qu'on ne m'a pas dit.

CHAPITRE XXI

—

Le pont du Gard.

O Provence ! O gueuse parfumée ! Ton ciel
bleu est splendide.., ton soleil, d'un éclat magnifique... Il anime tout... L'oranger lui doit
ses fleurs odorantes, ses fruits délicieux... Là,
poussent au hasard et sans culture le caroubier,
le grenadier, le jujubier ; les *bagarèdes*, promenades pittoresques, vous offrent comme
contraste à la température ambiante leurs
fraîches eaux et l'ombrage de leurs lauriers-
roses... mais les *garigues*, collines pierreuses
et incultes, mais les routes qui vous attendent
pour vous donner de la poussière jusqu'à la
cheville et vous en envelopper comme d'un épais

nuage ; mais les cigales innombrables qui partout vous poursuivent de leur cri monotone et strident... mais cette chaleur dévorante, qui menace de vous rôtir tout vivant... mais ces innombrables cousins et moustiques, avides de votre sang, contre lesquels ne vous défendent que bien imparfaitement les *cousinières*, tissu ample et léger qui pend au ciel de votre lit, et dans lequel vous vous enveloppez comme dans un sac, quitte à respirer comme vous pourrez pendant toute la nuit !... Que voulez-vous, cher lecteur, chaque médaille a son revers, chaque plaisir a sa peine, *au moins*, pour antipode indispensable... Il faut savoir s'accommoder de tout et prendre les choses comme il a plu au Créateur qu'elles fussent...

Telles étaient mes réflexions en franchissant la distance qui sépare Avignon de Nîmes, quand le conducteur de notre véhicule s'écria que nous arrivions à Remoulins, situé à peu près à moitié chemin. — « Remoulins ! mais nous

« sommes donc au pont du Gard ? — Oui,
« monsieur : il n'est qu'à un quart de lieue
« d'ici. — Et vous arrêtez-vous à Remoulins ?
« — Certainement, monsieur : le temps de faire
« manger l'avoine à mes chevaux. — Alors, on
« n'a pas la possibilité d'aller voir le pont ? —
« Non, monsieur ; mais qu'est-ce que cela
« fait ?... »

Qu'est-ce que cela fait ?.... Oh ! malheureux
automédon moderne, tu ne te doutes pas, certainement, du blasphème que tu prononces...
Qu'est-ce que cela fait ? Cela fait que je vais te
payer le prix de ma place jusqu'à Nîmes et
rester ici vingt-quatre heures... demain il sera
toujours temps de reprendre ton ignoble char,
portant quelque numéro 2633, peint en petits
caractères sur une plaque de fer-blanc, estam-
pillé par les soins paternels de l'administration
des contributions indirectes, petites plaques privilégiées dont, en ma qualité d'artiste, je voudrais bien pouvoir être dispensé de payer l'impôt.

Cependant mon estomac criait famine, et après avoir vainement essayé d'arracher quelques bribes d'un quartier de chèvre des plus coriaces, des plus rebelles à la mastication, et qui probablement palpitait encore quand on l'avait mis à la broche, je me dirigeai vers le célèbre pont.

Entre le village et le vieux monument, on me montra, sur la gauche, une caverne assez spacieuse, qui servait jadis de repaire à une bande de malandrins, avant que le village de Remoulins fût bâti, et il n'était pas sûr, à cette époque reculée, de s'aventurer dans ces lieux sauvages.

Enfin j'arrivai devant les vénérables restes de l'antiquité, et j'avoue que là mon admiration fut sans bornes.

Mais disons d'abord que, dans l'origine, ce pont n'en était pas un. C'était un très-bel aqueduc à trois étages, reliant deux collines assez élevées, et destiné à conduire à Nîmes les eaux qui manquaient à cette ville, celles de sa belle fontaine ne pouvant suffire à la consommation, et Dieu sait la dépense qu'en faisait le peuple romain. Ce n'est que depuis les temps relativement modernes, qu'une administration quelconque, au lieu d'isoler le pont, puisqu'on tenait à en avoir un pour traverser le Gardon, eut la fâcheuse pensée d'accoler au monument romain, si beau, si grandiose, si vénérable, un ignoble accessoire, un appendice ridicule qui le dépare.

————————

Le pont du Gard est d'un aspect magnifique et imposant.. On pense qu'il fut construit peu de temps après l'amphithéàtre de Nîmes, pour soutenir l'aqueduc qui devait y porter les eaux de la rivière d'Eure, près d'Uzès. Cet aqueduc a près de trente-six kilomètres de long. Le pont qui le supporte traverse le Gardon et joint deux montagnes. Il se compose de trois ponts l'un sur l'autre. Six arcades soutiennent le premier. Sa longueur est de 136 mètres, sa hauteur de 28. Le second est soutenu par onze arcades, de 22 mètres de hauteur. L'aqueduc lui-même est soutenu par trente-six petites arcades encore existantes aujourd'hui, de 4 mètres d'ouverture. Mais l'une des extrémités supérieures du pont étant détruite, il manque environ quatre de ces petites arcades. La longueur totale du canal de l'aqueduc proprement dit était de 190 mètres. L'ouverture de l'arche du milieu, dans chacun des deux ponts inférieurs, est plus grande que les autres. C'est contre la partie, que je pourrais appeler du premier étage, qu'a été accolée la malencontreuse passerelle pour l'établissement de laquelle l'ingénieur ou l'architecte mal avisé a échancré les pilastres du pont, détruisant ainsi à la fois et la belle harmonie et la solidité du monument romain, dont la hauteur totale est de 61 mètres.

C'est sous l'arche inférieure du milieu que passe le Gardon. La rivière et ses ravissantes rives sont toujours là; dame nature en fait tous les frais; mais Florian n'anime plus le paysage de ses charmantes fictions : je n'ai rien vu aux environs qui ressemblât, de près ou de loin, à Estelle et à Némorin. Quelque chèvre, à demi-sauvage, grimpe çà et là parmi les rochers, pour brouter la lavande, le sauge, le serpolet, qui parfument agréablement son lait ; quelques moutons errent à l'aventure dans la plaine, mais point de bergères au tablier rose et à la jupe de soie, créations idéales de l'officier de dragons poète et de son illustrateur le peintre Boucher. Il y a longtemps qu'il n'est plus question de ces êtres fabuleux, dont on retrouvera peut-être quelque jour les débris à l'état fossile... Vous riez, chère lectrice !... Et pourquoi non ? N'a-t-on pas retrouvé, de manière à reconstituer ces êtres fantastiques, les restes du *dinothérium*, du *mastodonte*, de l'*ictyosaure*, du *mégalosaure* et aussi du *xiphodon gracile* ?... Ce dernier vous sourit mieux que les autres, n'est-ce pas ? Espérons donc voir revivre quelque jour, non à l'état d'imitation comme dans les soirées costumées, mais à l'état original, à l'état de pure nature, ces bergères enrubannées, toutes parfumées d'eau de Cologne, dont les jolis petits pieds étaient enfermés délicatement dans des mules de satin ; ces bergers élégants, types d'amour vrai et de constance... espèces perdues, je le répète, mais qu'il ne faut pas désespérer de revoir encore ailleurs que dans les livres et dans les tableaux de Wateau, de Lancret et de *tutti quanti*. En attendant mieux, quelque petite Languedocienne, au grand chapeau de feutre noir, aux pieds nus et poudreux, aux vêtements en haillons, bien sale, bien sauvage, beaucoup plus qu'Estelle, assurément, n'est rien moins que faite pour charmer les regards du touriste.

Revenons au pont et à l'aqueduc qu'il supporte. Cet aqueduc est voûté. On le dit pavé de larges dalles, mais ceci est une erreur : j'en atteste mon couteau, dont je cassai bel et bien la lame en voulant m'en servir pour arracher quelques petits débris de la chaux hydraulique qui revèt intérieurement toutes les parois de l'aqueduc, chaux que nous avons retrouvée, mais dont les Romains avaient eu connaissance bien avant nous.

Une description du pont du Gard, que j'ai sous les yeux, dit « que cet aqueduc se divise « en trois conduits, le premier portant l'eau « dans l'amphithéâtre, le second à la fontaine « de Nîmes, et le troisième à quelques maisons « particulières. Quelques autres petits con- « duits, ajoute la relation, apportaient aussi de « l'eau à plusieurs maisons de campagnes des « environs de Nîmes : *On en voit encore les* « *débris !..... »*

Alors j'ai donc bien mal vu, car je n'ai rien

distingué de tout cela, et si ma mémoire me
faisait défaut, j'ai par devers moi un *ne varietur:*
c'est mon album où je dessinais tout ce qui
frappait mes regards et surtout ce qui avait
quelque valeur artistique ou archéologique. Or,
dans ma mémoire, comme dans mes dessins, il
n'y a qu'un seul et même conduit, dans lequel
je me suis promené longtemps, en me baissant
un peu. Et comme à l'époque dont je parle
(1834), l'aqueduc était parfaitement intact sur
la presque totalité de sa longueur, c'est-à-dire
sur neuf et demie des onze arcades qui formaient
le second étage, il est à croire que si les divisions dont on parle eussent existé, j'en eusse
bien vu quelque chose. Les Romains ne faisaient
rien d'inutile, et il n'était pas besoin, à coup
sûr, d'établir les divisions en question à douze
kilomètres de la ville, quand il était si facile
de séparer les eaux à peu de distance de la
belle cité.

On ne sait rien de la date ni de l'auteur du

monument. Trois lettres seulement se lisent encore sur l'une des pierres qui entrent dans sa construction : A. Æ. A.

Il faut monter, comme je le fis, au sommet de l'édifice, et là vous reconnaîtrez que des dalles de plus de deux mètres de largeur et d'une seule pièce couronnent l'édifice et recouvrent l'aqueduc, dont la hauteur et la largeur sont d'un peu plus d'un mètre. Sa forme est une voûte renversée, et les dalles sont percées, à des intervalles égaux, d'ouvertures carrées par lesquelles l'air et la lumière pénètrent dans l'aqueduc.

Ceux qui ne craignent pas de se sentir à soixante mètres en l'air, marchant sur de larges dalles, au-dessus d'une rivière dont le lit est en roc vif, peuvent jouir d'un de ces

26.

beaux paysages sévères et ardents comme en offre la nature du Midi. De cette espèce de terrasse, où l'on peut se promener sans danger, et qui devait servir de chemin aux gens de pied que leurs affaires conduisaient dans ce lieu solitaire, on domine un magnifique horizon. Chose singulière! on ne voit pas l'aqueduc avant d'y arriver, et, du haut de l'édifice, on .oit tout autour de soi, à une immense distance. Il se déroule sous vos yeux un panorama admirable, panorama d'une merveilleuse variété; car, si vos regards suivent le cours du Gardon, en remontant la rivière, vous jouirez de la vue d'un paysage tranquille, d'une plaine délicieuse, aux cultures diverses, et dans laquelle le Gardon coule paisiblement... Tournez-vous du côté opposé, et votre regard se porte sur une nature sauvage, grandiose, terrible. La rivière s'encaisse entre de noirs rochers abruptes parmi lesquels des trembles, des ormeaux, des arbres verts forment des masses ombreuses qui vous reportent, malgré vous, aux pittoresques et effrayants tableaux d'Anne Radcliffe.

Quant à l'édifice en lui-même, il vous prépare admirablement aux surprises qui vous attendent à Nîmes. Toutes ces rives du Rhône, si intéressantes à tous égards, et encore couvertes des débris féodaux du moyen âge, recèlent à travers ces débris, relativement modernes, de vieux débris infiniment plus respectables, restes de la domination des Romains, qui implantaient chez les peuples vaincus par eux leurs lois, leurs mœurs, et aussi leur goût prononcé pour les constructions, et surtout pour les monuments d'utilité publique.

J'avais manqué, et à mon grand regret assurément, un arc de triomphe romain magnifique, à Orange... mais le bateau à vapeur m'entraînait rapidement, et j'ignorais alors quelle belle ruine je laissais derrière moi. Quand je le sus, j'en pleurai presque de regret.

Le simple itinéraire de l'aqueduc qui conduisait à Nîmes les eaux de la rivière d'Eure effraie l'imagination et cause un profond regret : celui qui naît de la destruction d'un canal si utile. Tantôt cet aqueduc gravit les montagnes, ou s'y creuse un chemin dans le roc ; tantôt il longe les coteaux, suspendu çà et là sur des arcades ; là, il traverse un étang desséché ; ailleurs, dans une longueur de quatre kilomètres, il est plein d'une eau courante et fournit à l'arrosage de plus de cent jardins ; il passe sous des métairies, à travers des hameaux qui sont bâtis sur ses voûtes invisibles ; enfin, il arrive à Nîmes, et ses dernières traces se voient tout proche de la célèbre fontaine, où devait être le principal réservoir. La longueur entière de ce travail de géants n'a pas encore été calculée ; mais on pourra se l'imaginer, quand on saura qu'à huit kilomètres de sa prise d'eau, il a déjà plus de quinze mille cinq cents mètres d'étendue.

Quand on sent vivement, on éprouve les jouissances les plus vraies et les plus durables en présence du Pont du Gard. Cette grande construction solitaire, qui se cache dans le coude de deux montagnes et qui les unit l'une à l'autre; ces arcades immenses qui encadrent des horizons tout entiers, qui s'engendrent les unes sur les autres jusqu'à une hauteur énorme, formant trois ponts superposés, sous les arches duquel circule l'air si transparent du Midi; ce plein-cintre si harmonieux, création de l'art romain; ce jaune d'or qui revêt toutes les pierres; cette diversité infinie dans les détails, et cette majestueuse unité dans l'ensemble; cette légèreté admirable du monument; cette petite rivière si fraîche, qui, tantôt se transforme en un torrent impétueux, et qui semble en ce moment dormir entre ses rives; ces vignes semées çà et là tout à l'entour; ce sombre paysage en aval de la rivière; cette nature si singulière du Midi, où la fécondité se devine, et où l'aridité se fait sentir ; ce soleil qui dore l'édifice ; ce ciel si pur ; toutes ces grandeurs de la nature et de l'homme, laissent dans la pensée quelque chose de plus grave qu'une curiosité satisfaite. Il y a une mystérieuse éducation dans la contemplation de ces grandes harmonies ; et si cela ne donne pas le génie à qui ne l'a pas reçu du ciel, cela entretient et perfectionne la sensibilité, l'un des plus heureux apanages de l'humanité.

CHAPITRE XXII

—

Une mère. — Trestaillons. — Le scorpion.

« Parbleu, notre artiste, vous commencez à
« devenir terriblement ennuyeux, avec vos des-
« criptions de monuments, bonnes, tout au
« plus, pour intéresser quelques architectes
« ou quelques jobards peu soucieux de l'emploi
« de leur temps.—Ah! cher lecteur, pardonnez-
« moi : j'écris un voyage, et il faut que je serve
« à chacun un plat de son goût, au moins de
« temps en temps. Ne vous souvient-il pas que
« Sterne a divisé les voyageurs en plusieurs
« catégories, et que, dans le nombre, figurent
« les voyageurs simples ; rangez-moi, si vous
« voulez, dans cette catégorie, avec cette re-

« marque, toutefois, que je veux bien être ce
« que je suis en effet, un *simple voyageur;* mais
« je n'aimerais pas trop à passer pour un *voya-*
« *geur simple:* ici l'adjectif venant après le
« substantif sent ses quatre pattes d'une lieu,
« et, franchement, il est des choses dont la
« modestie la plus outrée ne saurait jamais
« convenir, fussent-elles vraies et archi-vraies. »

Ce petit dialogue avec mes bienveillants lecteurs terminé, nous allons reprendre la voiture
publique, traverser Nîmes les yeux fermés,
pour ne pas être tenté de nous y arrêter, à la
vue de tout ce que cette ville renferme de grandiose et d'intéressant, et filer à toute vapeur
(expression figurée pour l'époque où ce voyage
est censé écrit, mais qui pourrait être aujour-
d'hui l'expression de la vérité) sur la ville de
C***. Quand je dis ville, quelque critique pourrait prétendre qu'il y a là une prétention
exagérée, et qu'une population de 4 à 5,000
âmes, agglomérées, n'est pas suffisante pour

valoir çette dénomination à l'amas de maisons, retraites ordinaires de ce nombre d'hôtes ; qu'un lieu où l'on ne peut se procurer aucune des commodités, je dirai même des nécessités de la vie, où l'épicier vend tout à la fois la chandelle, le savon, l'huile, le porc frais, dont vous allez mettre un quartier dans votre pot-au-feu, le sel et l'ail... (Ah! l'ail ! nous sommes dans le pays où l'on en consomme des montagnes!) — Je reprends :

..... Le sel et l'ail pour l'assaisonner ; le drap dont vous aurez besoin pour vous faire confectionner un habit ; les boutons, la soie, le fil et la ganse pour la façon et l'ornementation du susdit ; des casquettes, du fromage, des souliers et des bas de soie (production indigène) ; qu'un lieu où l'on ne rencontre nuls vestiges de librairie, de magasin de nouveautés, où rien ne ressemble, même de loin, *de très-loin*, à ces brillants étalages des villes, miroirs chatoyants propres à attirer et à prendre au piége, non

des alouettes, mais ces ravissantes et, tyran-
niques créatures qu'on appelle des dames (sou-
mises elles-mêmes à un être de leur sexe, plus
tyrannique encore et qu'elles ont nommé *la
mode*, — payez, payez, pauvres maris !) je dis
qu'il est douteux qu'un tel lieu puisse passer
pour une ville, et que le nom de *bourg* lui serait
infiniment mieux applicable.

Tel était pourtant mon lot comme habitation
en perspective... à moi qui arrivais, nous pourrions dire en droiture, de la capitale, où un
séjour de quatorze ans avait rendu le voyageur
actuel quelque peu habitué à certaines jouissances de civilisation et de luxe... Mais baste !
en Languedoc et en Provence vous trouverez
bien des centres de population de 4, 5 et 6,000
âmes, qui ne sont réellement, et ne seront,
hélas ! pendant longtemps encore, que de gros
bourgs, malgré toutes leurs prétentions à passer
pour des villes.

Glissons sur ces détails, et arrivons au moment où j'allais me trouver en présence d'une mère chérie, que je n'avais pas vue depuis bien des années... Je connaissais son exquise sensibilité. Je lui avais écrit mon projet d'aller la voir ; mais comment la préparer efficacement à une entrevue avec un fils qu'elle aimait tendrement ? N'était-il pas à craindre que le saisissement, compliqué du grand nombre d'années déjà entassées sur sa tête, ne lui portât un coup mortel ? — Comme j'étais bien assuré qu'elle ne pourrait pas me reconnaître, le parti qui me parut le plus prudent fut de m'annoncer comme étant un ami intime de son fils, voyageant avec lui dans le Midi, et l'ayant laissé à Nîmes pour venir préparer son excellente mère à sa réception..... L'ami fut parfaitement reçu, comme on a pu s'y attendre ; on lui fit mille et mille questions sur ce fils chéri, si vivement attendu ; mais, quand, malgré toutes les précautions oratoires, il fallut arriver à ce redoutable : *Eh! bien, ce fils qui t'aime tant, c'est moi!...* Oh ! la pauvre chère femme n'y tint pas... elle poussa un cri terrible, et se renversant dans son fauteuil, elle s'évanouit et resta entre mes bras, entièrement privée de sentiment.

———————

Cet évanouissement fut de courte durée, et bientôt mon excellente mère revint à la vie et au bonheur... Ah! comment rendre ces premiers moments de réunion avec une personne tendrement aimée, après une longue, longue séparation?... Et quand cette réunion a lieu entre une mère et son fils !... mais des émotions si profondes ne peuvent se décrire: il faut les sentir, et encore je ne puis en parler qu'en homme, en fils affectueux, sans doute, mais une femme, une mère doit sentir bien plus vivement que nous....

Notre première sortie fut pour le pasteur de la localité, qui aussitôt nous invita à déjeuner pour le lendemain. A l'heure dite, nous étions chez lui, et peu après on se mit à table. La famille du digne pasteur se composait de sa femme et de trois enfants. Il n'y avait d'étrangers que ma mère et moi, et, le croira-t-on ?... M. le curé !...

Il fallait être en 1834 pour voir de pareilles choses. Quand on pense à ce qui se passait jadis dans ces pays où les protestants sont mêlés aux catholiques dans la proportion d'un quart environ, quand on songe à toutes les horreurs qui ensanglantèrent Nîmes et les environs, en 1815, et dans les siècles antérieurs, on a peine à comprendre les bonnes relations qui ont succédé à tant de haines entre les deux sectes.

J'interromprai le déjeuner un moment, à ce sujet, pour raconter ce qui arriva un jour à ma bonne mère. Elle était assise sur un des bancs de la Fontaine, à Nîmes, quand tout à coup éclate un orage, mais de ces orages tropicaux à tout briser, à tout noyer. L'excellente femme n'avait pas de parapluie, elle était extrêmement replète, ne pouvant marcher qu'avec difficulté, en sorte qu'il était évident qu'elle ne perdrait pas une goutte de cette pluie diluvienne, avant d'avoir pu se mettre à l'abri... Un homme, porteur d'un de ces grands parapluies dit *de famille*, se présente soudain, et avec bonhomie lui offre de l'abriter sous son meuble protecteur. Ma mère accepte le bras de ce chevalier improvisé, qui l'accompagne jusqu'à sa demeure, lui fait un profond salut et se retire, non sans de vifs remerciements de la part de ma mère....

Le lendemain, la chère dame rencontre quelques-unes de ses voisines... Elle veut leur souhaiter le bonjour ; mais on lui bat froid, et on ne lui répond que par monosyllabes... Frappée de ce changement, elle en demande aussitôt la cause... *La cause ! bou Diou, cère amie, savez à qui douniez lou bras iero ? — Nenni !*

— Era Trestaillons, ma mie, era Trestaillons !

A ce mot de *Trestaillons*, ma pauvre mère, malgré sa forte corpulence, bondit comme un chevreuil, et se récrie, disant que si elle eût connu l'homme, elle aurait bien vite rejeté son offre... Il faut savoir que Trestaillons, misérable fanatique catholique, un de ces scélérats que repoussent les hommes honnêtes de toutes les religions et de tous les partis, avait reçu son surnom de *Trestaillons* de ce qu'il s'était vanté de faire d'un homme, à coups de sabre, trois taillons, *très taillons*, comme on fait d'un poisson !... Ce misérable a tué, d'un seul coup, deux frères, protestants, qui étaient couchés dans le même lit. Quant à lui, il est mort tranquillement dans le sien, et s'il a échappé à la justice des hommes, il est à croire qu'il n'a pas échappé à celle de Dieu.

J'étais placé à table à côté du curé, homme excellent, qui ne craignait pas d'aborder les distractions permises, et qui s'en allait très-bien chassant dans les vignes, après la récolte, en relevant sa soutane et l'attachant autour de son corps avec une ceinture de cuir. Il avait un caractère fort gai, de cette gaîté de bonne compagnie et de bon aloi, qui contrastait singulièrement avec le naturel flegmatique du ministre, homme instruit, mais d'une froideur à arrêter court une bonne digestion. Heureusement le curé se mit en frais d'anecdotes, et, dans un moment de silence, je demandai à la société l'explication de ce que je voyais devant moi. Sur une sorte de saillie que faisait le mur blanchi à la chaux, comme c'est généralement l'usage en Languedoc, je distinguais un objet noirâtre du volume d'une courtillière, à peu près, qui tantôt restait en place, et tantôt s'avançait assez rapidement. « Ce n'est rien, dit « le pasteur : c'est un scorpion ; Marie va le « prendre avec les pincettes. » Curieux de voir de près un animal que je ne connaissais alors que de nom, je devance mademoiselle Marie, et je m'empare d'un animal noirâtre, hideux, assez semblable à une petite écrevisse, relevant sur son dos une queue composée de plusieurs articles, dont le dernier, terminé en pointe, renferme un poison subtil, mortel même dans le grand scorpion noir d'Afrique... *In cauda venenum.*

J'appris alors avec un plaisir que partageront certainement mes lecteurs, surtout si jamais ils ont à habiter ces régions fortunées, que rien n'était plus commun que de trouver un scorpion dans son lit, dans son soulier, sous sa chemise de nuit, et que pour avoir toujours sous la main le remède contre les dangereuses piqûres de cet hôte incommode, on avait dans chaque maison, par prévision, un flacon d'alcali volatil.

Les résultats de cette découverte inattendue furent :

1° Qu'en rentrant à la maison je m'informai

immédiatement du lieu où se trouvait le flacon d'ammoniaque ;

2° Que chaque soir et chaque matin j'opérais dans mon lit, sur les chaises et dans mes effets une recherche minutieuse, recherches qui amenèrent successivement la découverte de sept ou huit de ces intéressants arachnides, dont par bonheur je n'eus jamais occasion d'expérimenter le venin à mes dépens.

CHAPITRE XXIII

—

Entre le curé, le pasteur & l'artiste.
— L'ague bouillida. — Une recette
impayable.

Cependant ce malheureux scorpion, qui paya de sa vie son apparition intempestive, devint le point de départ d'une intéressante discussion. Ce fut l'artiste qui attacha le grelot :

Ainsi, dit-il, on peut trouver la mort à chaque instant autour de soi, dans ce fortuné pays.

Le curé. — Quoi donc? n'avez-vous pas, dans vos contrées, des vipères dans les forêts, des épines dans les buissons?

L'artiste. — Que trop, en vérité.

Le curé. — Eh bien! cher monsieur, c'est une épine de plus. Pourquoi voudriez-vous en être exempt? on ne les a pas épargnées à Notre-

Seigneur. D'ailleurs, sous notre climat, la piqûre du scorpion donne lieu à des accidents assez graves, assurément, surtout quand la température est élevée; mais il est bien rare que la mort en soit la conséquence : il faut, pour cela, une complication qui n'arrive presque jamais.

LE PASTEUR, à l'artiste. — Je m'afflige de votre réponse à M. le curé... *que trop* est un reproche indirect à la Providence. Dieu n'a rien fait en vain. Toute la nature est fondée sur un plan admirable dont nous ne voyons distinctement que certaines harmonies... Racine le fils nous l'a dit dans son beau poème sur la religion :

> Tu n'aperçois encor que le coin du tableau,
> Le reste t'est caché sous un épais rideau,
> Et déjà tu prétends juger de tout l'ouvrage !

LE CURÉ. — Sans doute. La nature est un vaste laboratoire de chimie où tout tend à se transformer. Les êtres ne sont appelés à jouer qu'un rôle relativement très-court sur cette scène admirable. Par l'instinct, la voix du Créateur dit aux êtres animés : « Défendez-vous ! conservez-vous ! » Mais, en même temps, Dieu sème autour d'eux les moyens de destruction qui doivent faire rentrer leurs éléments dans le grand tout pour s'y prêter à de nouvelles combinaisons.

LE PASTEUR. — En effet, tout change, tout se renouvelle ; la mort même alimente la vie. Les hommes sages déplorent avec raison la guerre et ses horreurs ; cependant, voyez ce qui se passe dans les airs, sur terre, dans les eaux ? C'est une guerre continuelle, et une guerre à mort, où les êtres les plus faibles succombent sous les efforts et sous les armes redoutables de ceux à qui Dieu a donné la mission de détruire.

LE CURÉ. — Et cette destruction s'étend à tous les êtres organisés. — Un chêne robuste, après des siècles, doit céder ses éléments constitutifs au milieu qui l'entoure.

Par suite de son grand âge, il prend une densité considérable; les canaux où circulait la sève viennent à s'obstruer... il ne reçoit plus de nourriture... il meurt enfin, et avec le temps, son tronc vermoulu, desséché, ne pouvant plus soutenir sa masse, il tombe, et bientôt mille causes diverses tendent à sa complète destruction. L'humidité, la chaleur, qui concouraient à le faire vivre, vont maintenant servir à altérer se tissus. Les fourmis, les tarets l'attaquent de toutes parts... à la longue, ce bois si dur, si pesant, devient léger et sans consistance; ce ne sera bientôt plus qu'un peu de terreau. Ainsi d'un homme... seulement, en vertu de son organisation où dominent les fluides, il est en butte à d'autres agents de destruction plus nombreux et se trouve bien plus vite décomposé; l'oxygène qui était indispensable à la conservation de sa vie devient l'élément le plus actif de la décomposition de son être matériel.

Le corps, né de la poudre, à la poudre est rendu,
L'esprit retourne au ciel, dont il est descendu.

L'ARTISTE. — Mais pourquoi tous ces animaux féroces? tous ces serpents venimeux?

LE PASTEUR. — M. le curé vous l'a dit. Ce sont des agents de destruction, nécessaires au plan sublime que Dieu s'est tracé. Le Créateur donne à chacune de ses créatures ses moyens de nutrition, de conservation et de propagation; mais s'il laisse à chaque être vivant le soin de sa conservation personnelle, Dieu veille au maintien de son plan et à la conservation des races. Il a tout prévu pour cela, et il a pourvu à tout.

L'ARTISTE. — Cependant il y a beaucoup de races éteintes. Tous les jours la géologie nous fait connaître de nouveaux débris jadis animés, et qui ont appartenu à des animaux, la plupart monstrueux, dont les similaires ne se retrouvent nulle part aujourd'hui.

LE PASTEUR. — Ces animaux ont disparu, parceque les conditions du milieu où ils se mouvaient ont entièrement changé. La température élevée de notre globe ayant successivement diminuée et la croûte solide ayant surgi de plus en plus au milieu des eaux qui, dans l'origine, formaient seules la surface de notre planète, certaines espèces ont dû disparaître, et de nouveaux milieux se produisant, Dieu leur a donné des habitants dans des conditions convenables, jusqu'à ce qu'enfin il fit apparaître l'homme sur la terre, comme dernier terme de la création.

LE CURÉ. — Cependant il est dit que Dieu créa le ciel et la terre en six jours.

LE PASTEUR. — Oui, dans les traductions. Mais je me souviens encore assez de mon hébreu pour savoir que le mot que nous traduisons généralement par *jour* signifie aussi *époque*, ce qui est conforme à l'ordre des choses, ainsi que les diverses formations de terrains et les fossiles de périodes très-distinctes nous en offrent journellement la preuve.

———————

Comme cette dissertation finissait dans la salle à manger, il s'en produisait une autre à la cuisine, dissertation qui devint une discussion si bruyante, que la maîtresse de la maison crut devoir intervenir. Elle revint bientôt, ramenant à table un des enfants qui, ennuyé de notre entretien, s'était esquivé et avait couru à la cuisine. Ce qu'il y fit fut raconté à la société dans un patois très-harmonieux, surtout dans la bouche des dames, mais devant lequel l'artiste, qui n'y comprenait absolument rien, restait comme une statue, ouvrant vainement de grands yeux et de grandes oreilles... Il remarqua seulement que les mots *ague bouil-*

lida revenaient souvent dans le récit de la femme du pasteur.

Il n'y a pas que les filles d'Ève qui soient curieuses; l'artiste, tout fier du reste de remonter par sa naissance à une souche si honorable et si ancienne, tient un peu de son arrière-arrière-arrière grand'mère de ce côté-là... Et ici, une petite pointe... Il est évident que nous descendons tous d'Adam et d'Ève, sans la moindre exception. Or, plus une famille est ancienne, plus elle est noble : nous sommes donc tous de noblesse, et je dis, de la meilleure. Seulement, à l'époque où il l'a justement fallu, les uns, parmi nos aïeux, savaient lire et écrire; d'autres ne le savaient pas, mais ils étaient riches, puissants, et avaient à leurs gages des gens qui écrivaient pour eux, tenant note des faits et gestes de leurs patrons... (Dieu me pardonne ! j'allais dire de leurs maîtres !) Ainsi, Charlemagne qui fit tant pour les lettres, ne savait pas écrire, et signait pourtant d'une manière magistrale, d'une manière qui en valait bien une autre et qui témoignait assez de sa puissance... Il signait avec le pommeau de son épée. D'autres, très-nombreux, ne savaient rien et ne possédaient rien ; enfin, la grande masse vivait à l'état sauvage, n'ayant souci que de se procurer, par la chasse et par la pêche, de quoi mettre sous la dent et de quoi défendre leurs corps contre le froid au moyen des fourrures des animaux qu'ils avaient tués. Ces braves gens s'occupaient peu de rédiger des chartes. Quant à ceux qui savaient manier une plume, ils racontaient comment le sire Olivier, dans une chaude affaire contre gens à turban, qui avaient la prétention de prier à leur manière (guidés qu'ils étaient par une lourde et indigeste contrefaçon du livre par excellence), comment le sire Olivier, dis-je, avait, de sa vigoureuse main, occis dix pauvres diables qu'il ne connaissait pas, et que leur mauvaise étoile avait amenés justement à portée de sa redoutable masse d'armes ; comment le sire Ange, fort peu digne de son nom, avait porté le fer, le feu et et la dévastation chez le sire de Galbert, qui n'avait d'autre tort que d'être moins puissant que son terrible voisin, etc., etc.

Oh ! j'en conviendrai avec joie, d'autres, et en nombre considérable parmi nos pères, ont payé à la patrie une dette sacrée : ils ont concouru à conserver la France, à disputer, à arracher aux étrangers une aussi riche proie, et c'est au prix de leur vie qu'ils ont payé cette dette... Nous en pourrions citer à qui nous tenons de très près, qui ont vu six de leurs fils tomber près d'eux sous le feu ou sous le fer de l'ennemi... Nous en pourrions citer tant d'autres dont les sentiments généreux se sont traduits par des œuvres pieuses, par la fondation d'asiles destinés à la vieillesse, au malheur, à l'humanité souffrante... Ah ! voilà bien la vraie noblesse ! celle qui joint à une illustre origine les sentiments les plus élevés... La voilà comme je la comprends.

Voici comment quelques-uns se trouvent nobles et comment tant d'autres ne le sont pas... Mais, entendons-nous bien : s'il résulte de vos parchemins que vos aïeux étaient braves, humains, généreux, justes enfin, oui, *concedo*, vous êtes nobles , mais à la condition absolue aux yeux du sage de les imiter dans ce que que leur conduite eut de noble et de grand. Si vous vous bornez à vivre en égoïste, à satisfaire vos passions, à ne rien faire pour le corps social, tout en affectant un souverain mépris pour les admirables institutions qui le régissent, oh ! je vous déclare, moi, que vos ancêtres étaient nobles, dans toute l'acception du mot, mais je vous déclare aussi que vous, vous n'êtes rien... *Noblesse oblige.*

Nous voilà bien loin de l'*ague bouillida*... Il faut pourtant y revenir. Sur mes instances, on me donna la traduction suivante du récit de la maîtresse de maison.

Le jeune garçon avait cherché querelle à la cuisinière de ce qu'elle n'avait pas fait pour le déjeuner une *ague bouillida*, que, paraît-il, le petit drôle affectionnait... Or, qu'est-ce, je vous prie, qu'une *ague bouillida?* Diantre, ce que c'est ! — Avez-vous fait une longue course et rentrez-vous bien fatigué, bien trempé de sueur ? Vite, une *ague bouillida*. — Avez-vous pris *un air* — (que dites-vous là, s'il vous plaît ?) — *Un air*, en Languedoc, c'est un rhume par suite d'un refroidissement... Donc, avez vous pris *un air?* Vite, une *ague bouillida.* — Vous vous êtes mis en colère contre un misérable qui voulait vous rançonner, et qui exigeait dix fois le prix du travail qu'il avait fait pour vous... Vous rentrez à la maison, votre femme vous voit tout ému... Vite, Suzette, *aqui une ague bouillida per Moussu !* — Vous faites une chute ? *ague bouillida !* — Vous vous êtes brûlé ? *ague bouillida...* C'est une panacée universelle, c'est le mets du Midi, le mets traditionnel, et le petit Benjamin n'avait cessé de crier à la cuisinière que, pour faire honneur à un étranger, elle aurait dû mettre en première ligne les mets obligés du pays, savoir : un lapin, des escargots et une *ague bouillida*. Or, il faut savoir qu'il n'avait rien paru de tout cela sur la table. — Mais encore, qu'est-ce qu'une *ague bouillida* ? De quoi se compose ce mets ? Comment se prépare-t-il ? — Oh ! ma foi, cher lecteur, vous êtes trop curieux... Vous l'êtes presque autant que moi. Il faut savoir parfois faire attendre les choses pour leur donner du prix. Modérez-donc votre impatience ; je vais vous faire connaître sans plus tarder la composition de ce précieux baume.

RECETTE POUR FAIRE L'AGUE BOUILLIDA. Mettez sur le feu, dans un vase quelconque :

Eau, un litre et demi,

Une tète d'ail,

Une feuille de laurier,

Clous de girofle,

Sel, quantité suffisante ;

Laissez bouillir et réduire pendant une demi-heure ; versez alors sur des tranches de pain (bis, s'il est possible) grillé ou non grillé, suivant le goût du maître. Ajoutez : poivre, une pincée ou une poignée, également selon le goût de la personne pour qui est destinée cette ambroisie ; édulcorez avec deux ou trois cuillerées de bonne huile d'olive, servez chaud, et, comme dans l'impérissable poëme d'Odry, vous m'en direz *des* bonnes nouvelles.

Nota. Ce procédé, rédigé *secundum artem,* et dans le style des Carême, Fouret, Viard, et autres sommités culinaires, est essentiellement recommandé aux cordons bleus des grandes maisons. On voit qu'il ne faut tremper cette panacée que quand l'ail est absolument fatigué de circuler dans le pot, en un mot quand la *tête* lui tourne et qu'il menace de donner sa démission.

A peine étions-nous rentrés à la maison, qu'un homme se présente et m'aborde brusquement, selon la coutume du pays, en disant qu'il venait me prendre mesure pour une paire de souliers, du moins ce fut ce que ma mère me traduisit, car je n'entendais rien alors au patois de ce Sakoski de village. Comme mes pieds étaient suffisamment pourvus de leurs vêtements protecteurs, je le remerciai poliment de son offre gracieuse : mais alors la maman intervint : « Oh ! mon ami, tu ne sais pas ? il te faut ici des souliers faits exprès, autrement tes chers soutiens, *pères de famille* (c'est le nom que portent les pieds dans le langage pittoresque de certaines personnes), autrement tes chers soutiens, pères de famille, dis-je, auraient trop à souffrir en se heurtant contre les pierres des *garrigues* (montagnes). »

29.

Or, il est bon qu'on sache que si dans les chemins vicinaux et autres on trouve de la poussière jusqu'au-dessus de la cheville, on ne voit sur les collines, sous ce beau ciel du Languedoc, que des pierres et des pierres. Les paysans les ramassent tous les ans et les mettent en forment de murs au bord de leurs champs; mais l'année suivante c'est à recommencer, et il semble, d'après ceci, que si le blé ne pousse pas énormement sur ces terrains maigres et stériles, en revanche les pierres y poussent merveilleusement. C'est dans leurs interstices que pointent le romarin, le thym, la marjolaine et toutes les autres herbes aromatiques ; sous un soleil brûlant, ces plantes acquièrent un parfum qui donne au lait des chèvres et des moutons, et à la chair même de ces derniers, dont on mange considérablement à l'état d'agneau, une saveur délicieuse.

Trois jours après cette entrevue avec monsieur le cordonnier, ma garde-robe s'était enrichie d'une paire de souliers en cuir non noirci, et dont la forte semelle, qui avait deux fois la largeur et la longueur de mon pied, devait assurément mettre au défi les innombrables silex du pays.

Tous les voyageurs devraient être munis de semblables engins, qui leur seraient de la plus grande utilité dans une foule de circonstances... exemples :

1° Vous trouvez une petite rivière qui vous barre le chemin ; il n'y a pas ombre de pont, et le gué vous est inconnu. — Armé desdits souliers qui font alors office de bateaux plats, vous vous lancez hardiment sur l'eau, et, léger comme une tipule, en un instant vous êtes à l'autre bord.

2° Une affaire vous appelle en Gâtinais... vous voilà dans des chemins défoncés, perdus, avec un mètre de boue, à ce point que quand chaque année nous allions, mon frère et moi, passer l'heureux temps des vacances chez notre excellent oncle, au château de Corbeilles, on venait nous chercher à Montargis dans une patache traînée par deux forts chevaux, et dans ladite patache se trouvait une pelle dont Nivert, le charretier (pauvre diable qui s'est pendu derrière la porte de son écurie, *quoniam pater erat quem nuptiæ non demonstrabant*, ce qui se traduit pour les belles dames : *dans un désespoir d'amour*), dont Nivert, dis-je, se servait dans les grandes occasions pour arracher d'entre les rails une terre grasse et compacte faisant la roue d'une seule pièce, comme le dessus d'un guéridon... Eh bien ! que risquez-vous ? n'avez-vous pas aux pieds les souliers susdits ? Cela étant, le plan que vous appliquez sans cesse à la surface du terrain est de telle grandeur, que êtes soutenu au-dessus d'une masse de boue comme par une puissance surnaturelle.

3° Je suppose que vous êtes allé faire un voyage d'agrément en Laponie ou chez les Esquimaux... il est inutile d'y acheter des patins de planche de deux mètres de long, dont ces braves gens se servent pour glisser sur la neige durcie : chaussez les souliers en question, et vous devancerez à la course les meilleurs patineurs de ces pays... délicieux... aux yeux de leurs habitans (1).

Donc, ainsi armé de mes *parapierres*, je m'aventurai sur les garrigues, dont quelques-unes, dominant la petite ville de C..., sont coiffées de trois ou quatre moulins à vent, qui leur donnent un certain cachet ; et l'on ne saurait se dissimuler que du haut de ces collines,

(1) On a essayé, à plusieurs reprises, d'acclimater en Europe quelques-uns de ces pauvres gens... Leurs montagnes, leurs neiges, leurs glaces de deux mètres d'épaisseur, la graisse de leurs veaux marins (comme aliment respiratoire, elle leur est indispensable sous ces climats glacés), tout ce qui fait le charme de la vie (selon eux) leur manquait, et ces pauvres diables moururent toujours de chagrin. Il n'a pas du tout été établi si c'était ou non leurs femmes qu'ils regrettaient le plus ; mais *on doit le supposer.*

la vue est splendide. Figurez-vous à vos pieds
une plaine immense, semée çà et là de bouquets
d'arbres, et dans laquelle, à la vue simple, il
vous est facile de compter dix-neuf villes ou
villages.

Quoique ce tableau fût magnifique, cependant comme il était peu varié et comme il
régnait autour de moi une certaine monotonie
à laquelle je n'étais pas habitué, je me risquai
un jour dans le *cabernaut* qui faisait l'office de
diligence entre ma nouvelle résidence et la
ville de Nîmes, où je vais introduire mon cher
lecteur, s'il veut bien prendre la peine de m'y
accompagner...

CHAPITRE XXIV

Nîmes.

La ville de Nîmes, *Nemausus* des Romains,
est ancienne, et l'on rencontre çà et là des débris, dont quelques-uns encore magnifiques,
de son antique opulence. Elle est couchée au
pied de collines peu élevées, et regarde le Midi
et la mer, dont elle n'est éloignée que de
quelques lieues. Sur ces collines, d'un aspect
riant, et principalement au pied de la Tour-
Magne *(Turris magna)*, qui est assise sur la
plus voisine de la cité, il souffle un vent de
nord-est aigu et desséchant qui s'engouffre
dans les crevasses de la tour délabrée. C'est le
mistral, qui, dans la plupart des villes du Midi.

vous saisit au détour d'une rue, au moment où la chaleur venait de provoquer chez vous une abondante transpiration et devient ainsi la source d'un bon nombre de maladies dues à cette sécrétion arrêtée (1). C'est de ces hauteurs qu'il fait beau contempler la cité languedocienne; car, vue de la plaine, l'aspect de Nîmes est insignifiant.

La Tour-Magne, qui domine la ville, et qui, malheureusement, est horriblement dégradée, était composée de plusieurs étages superposés

(1) Dès que vous vous apercevrez de cette brusque suppression, ce qui se reconnaît aisément à un certain malaise, à un léger enrouement, livrez-vous sans retard à quelque exercice violent, buvez une tasse d'infusion de fleurs de sureau, mettez-vous au lit, en vous y couvrant bien, pendant une demi-heure; rétablissez, en un mot, le cours de la transpiration arrêtée, et toutes choses continueront à bien fonctionner dans votre organisme. Un rhume, notamment, avorte ainsi dès son début.

(Note communiquée par un physiologiste que l'artiste regarde comme son *meilleur ami*.)

et en retraite les uns sur les autres. Ces divers étages formaient des octogones réguliers. Sa hauteur totale est d'environ cent pieds. A l'époque où je vis ce monument, une affreuse cahute supportant un télégraphe en déshonorait le faîte. J'eusse aimé mieux y voir quelque nid d'aigle ou un arbre séculaire. Qu'était dans l'origine cette antique construction? Ici, les savants ne sont pas d'accord. Était-ce un temple, une tour de signaux, un *œrarium* ou trésor public. Henri IV le pensa, puisqu'il permit à un sire Traucat (au grand scandale des habitants de la ville, qui craignaient, non sans raison, de voir détruire un monument vénérable, contribuant à embellir leur cité) de pratiquer des fouilles dans la tour, le bon roi se réservant, *pour ses urgents besoins,* les deux tiers des trésors que l'on y pourrait trouver. Mais Traucat y perdit son argent, et le roi ses espérances. M. Pelet a prouvé par de très-solides raisons, tirées surtout de la comparaison avec des ouvrages analogues, que ce monument a été un mausolée, dont la construction est antérieure à l'occupation romaine et doit dater de l'occupation des Grecs de Marseille.

Au pied méridional du coteau sur lequel la Tour-Magne est assise, sort une fontaine abondante, qui a été, selon toute apparence, la cause première de la fondation de Nîmes. Le poète Ausone en fait mention et la nomme *Nemausus*. Jusqu'au milieu du xviiie siècle, on ne soupçonnait pas que cette fontaine fût obstruée par des débris considérables d'un magnifique établissement romain, et que tout autour le sol se composât de monuments enfouis. Des fouilles, commencées en 1738, mirent à découvert les bains de la Fontaine. La curiosité publique était si vivement excitée, qu'il fallut placer des troupes aux avenues pour protéger les travailleurs et repousser la foule. Cent cinquante ouvriers exhumèrent successivement des restes d'édifices somptueux, des colonnes, des statues, des marbres, des porphyres, des inscriptions. Puis, le nombre de ces richesses augmentant chaque jour, et l'argent et la curiosité diminuant à proportion, on suspendit les fouilles : « ce ne sont *que* des ruines de bains, » dirent dédaigneusement quelques soi-disant savants... Pauvres gens, qui ne savaient pas que des bains romains enfermaient dans leur enceinte des gymnases, des palestres, de longues galeries, des portiques, des jardins, et que, de ces bains-là, Ammien-Marcellin disait que c'étaient plutôt des provinces que des édifices.

Quoi qu'il en soit, on ne songea plus qu'à restaurer la fontaine et à *recouvrir de terre* cette mine de sculpture et d'architecture antique dont les savants de l'époque faisaient fi, se montrant ainsi plus barbares que les Barbares eux-mêmes. De là l'origine de ces terrasses en forme de bastions, et de ces fossés qu'un certain Philippe Maréchal, architecte de fortifications, de fâcheuse mémoire, fit établir

sur les bases antiques des monuments décou-
verts. C'est ce beau travail, moitié militaire,
moitié galant, orné des rocailles, des chico-
rées et des amours bouffis de l'époque de
madame de Pompadour, qu'on appelle aujour-
d'hui la Fontaine. Une inscription *latine* (c'é-
tait bien la peine !) gravée sur un mur en
pierres de taille qui fait face à la source du
côté du midi, présente ces constructions mal-
heureuses comme une sorte de conquête sur
les Barbares... Quelle conquête, grand Dieu !

A quelque distance et à gauche de la source,
se trouve un reste d'édifice connu depuis longtemps sous le nom de temple de Diane. La
façade primitive n'existe plus, et l'intérieur
n'est plus qu'une belle ruine, où l'architecte
trouve à peine assez de données pour des res-
taurations idéales. Ce monument est entièrement construit en pierres de taille posées à sec.
Son plan est rectangulaire ; une porte à plein
cintre en forme l'entrée. Douze niches, dont

cinq sont pratiquées de chaque côté dans les deux parois du temple, et deux à droite et à gauche de la porte, en décorent l'intérieur. Ces niches, ornées de frontons alternativement circulaires et triangulaires, renfermaient des statues qui, hélas ! ont à jamais disparu.... Seize colonnes d'ordre composite supportaient un entablement simple et élégant, sur lequel posait une voûte à plein cintre, d'une forme légère et hardie... Mais aujourd'hui le temple de Diane n'a plus d'autre voûte que le ciel. Une gravure du livre de Poldo d'Albenas, du temps duquel l'intérieur de ce charmant édifice était intact, le montre dans toute sa grâce et toute sa délicatesse, et fait extrèmement regretter la destruction de ce beau monument. M. Pelet le considère avec raison comme se liant au vaste système des constructions des bains. Au fond de l'édifice était apparemment la statue de Nemausus, le dieu de la fontaine. Peu avant mon arrivée à Nîmes, quelques fouilles avaient mis à découvert les restes d'un vaste péristyle situé devant le temple.

Quant au monument lui-même, l'art qui rebâtit, replâtre, badigeonne, n'a plus rien à faire pour cette belle ruine et n'y touche plus. On la laisse là, et le monument ne se défend plus que par le respect qu'il inspire ou l'indifférence de ceux qui passent auprès, comme ils passeraient près de la plus humble chaumière. Mais, tel qu'il est, il n'en est pas moins vrai que le temple de Diane offre un charme particulier ; l'aspect de ces ruines élégantes parmi lesquelles se font jour des herbes et des arbrisseaux qui contrastent si fortement avec elles, le souvenir des splendeurs dont ce temple fut témoin, la solitude qui règne maintenant en ces lieux, tout jette l'âme dans un profond et indéfinissable sentiment de mélancolie.

L'Amphithéâtre de Nimes, dont les abords sont maintenant dégagés, offre un coup d'œil imposant. Qu'on se figure une grande masse noire circulaire, très-élevée, composée de voûtes superposées, dont celles du rang inférieur sont garnies de grilles en fer pour la protection du monument, et dont la crête est quelque peu ébréchée d'un côté, cette masse énorme, assise au milieu d'une vaste place, entre deux boulevards qui forment entre eux un angle très-ouvert.

On n'est pas d'accord sur l'époque précise de sa construction. A-t-il été élevé par Antonin, par Titus ou par Domitien? Quoi qu'il en soit, l'époque de l'érection de ce monument importe peu, puisque la différence ne serait guère que de soixante ans, et cela est insignifiant pour un édifice qui compte déjà dix-huit siècles d'existence.

La façade de l'Amphithéâtre est composée

d'un rez-de-chaussée, d'un premier étage et d'un attique qui en fait le couronnement. Soixante portiques communiquent du rez-de-chaussée dans l'intérieur des Arènes. Un même nombre décore le premier étage. L'attique s'élève au-dessus; tout autour, au nombre de cent vingt, sont des consoles de pierre, percées de trous circulaires, où étaient enfoncées des poutres destinées à soutenir le *velarium*, immense tente qui couvrait l'arène de manière à garantir les spectateurs de la pluie et du soleil. On voit encore dans l'épaisseur du mur, au-dessus de la porte du nord, un petit escalier qui était destiné aux esclaves commis à ce service. Trente-quatre gradins, de soixante-quinze centimètres de large sur cinquante centimètres de haut, montaient en amphithéâtre depuis le *podium* jusqu'à l'attique. Ces gradins étaient divisés en série ou *précinctions*, représentant les rangs de loges dans nos théâtres, et ayant chacune leurs issues ou vomitoires et leurs galeries sous lesquelles les spectateurs venaient converser avant les jeux, ou chercher un abri pendant l'orage. La première précinction, réservée aux personnages importants de la colonie, n'avait que quatre gradins : les places y étaient séparées, et le nom de la personne qui devait l'occuper s'y trouvait gravé. Quelques-uns de ces noms existent encore. A la porte du nord se voyait une loge pour la principale autorité du pays et en face une autre pour les prêtresses. Une petite pièce voûtée, pour les cas de pluie, communiquait avec chacune de ces deux loges par un petit escalier.

La seconde précinction, formée de dix rangs de gradins, était réservée à l'ordre des chevaliers. On y arrivait par quarante vomitoires. Venaient ensuite la troisième précinction, destinée au peuple, et enfin la quatrième, où prenaient place les esclaves. Des escaliers qui s'élargissaient à mesure qu'ils descendaient des précinctions supérieures, permettaient une entrée et une sortie facile, sans encombrement. Si l'on prend la peine de calculer le nombre des places que pouvait contenir l'Amphithéâtre, on arrive aux résultats suivants :

1re précinction :	1,560 places, environ.
2e —	5,300
3e —	6,900
4e —	8,200
	21,960

Il faut ajouter à ce nombre tous ceux des spectateurs qui, sans être assis, trouvaient place à l'entrée des cent vomitoires, et ceux qui, faute d'autres places, montaient sur l'attique et se tenaient à côté des poutres du *velarium*. Si bien qu'on peut porter à 24,000 environ le nombre des curieux qui pouvaient assister au spectacle.

Tout l'édifice est construit en pierres dures, de 7 à 8 mètres de long, simplement posées les unes sur les autres, sans l'emploi d'aucun mortier ni ciment. Chaque pierre présente sur deux de ses faces opposées une petite cavité, dont on se servait apparemment pour saisir la pierre avec une sorte de tenailles en fer pour l'élever jusqu'à sa place.

Mais, hélas! de toute cette grandeur, il ne reste guère que la façade circulaire, sauf une vaste brèche à la partie occidentale de l'édifice, Charles Martel ayant voulu, en 737, démolir ce monument qui servait de citadelle aux Sarrasins. Son armée travailla pendant trois mois à démolir ce qui manque à la brèche. Voyant qu'il perdait là un temps précieux, le roi essaya alors de faire mettre le feu à l'édifice, et, comme on le pense bien, il n'obtint pour résultat que d'en faire éclater quelques pierres et de noircir les autres.

Dans l'intérieur, la destruction est grande. Cependant l'arène est encore parfaitement marquée par son enceinte circulaire. Ce qui frappe surtout d'admiration à la vue de l'Amphithéâtre, c'est la grandeur et le confortable auxquels s'est surtout attaché l'habile architecte de ce monument, dans lequel 24,000 spectateurs battaient des mains lorsqu'un malheureux gladiateur tombait avec grâce sous l'épée de son adversaire ou sous la dent d'une bête féroce; et l'on peut dire, selon nous, qu'un magnifique édifice était déshonoré par l'horrible usage auquel il était consacré.

Avec le temps on en vint à permettre aux gens du peuple d'habiter l'intérieur de l'Amphithéâtre et d'y élever des murailles, des cloisons.... Là s'agitait encore, en 1809, toute une population, et le voyageur voyait avec dégoût s'étaler de toutes parts de sordides haillons et des tas d'immondices. Ce fut M. d'Alphonse, alors préfet, qui eut le mérite de purger les Arènes (ce monument ne porte pas d'autre nom à Nîmes) de ce nouveau genre de déshonneur.

Maintenant d'ignobles courses de taureaux,

ou plutôt des *ferrades*, c'est-à-dire la marque appliquée à des taureaux sauvages de la Camargue, qu'on y remet én liberté quand ils ont reçu l'estampille de leurs maîtres, ont succédé aux spectacles cruels, mais grandioses des Romains. Un malheureux taureau, maigre comme un clou, est plutôt poussé qu'il n'entre dans l'Arène. On l'excite par des cris, par des sifflets, par des coups de gaule, et enfin quand il finit par se mettre en colère, par enlever d'un coup de cornes quelque pauvre diable, on l'applaudit, on lui jette des fleurs, puis on saisit l'animal, on le renverse et on le marque d'un fer chaud. Si l'infortuné taureau, effrayé par les cris, par les coups, par l'agitation qui règne autour de lui, se borne à un rôle passif, rien ne peut donner une idée des injures, des vociférations par lesquelles il est accueilli; on lui jette des pierres, de la boue, et enfin son maître est obligé de le faire sortir pour en amener un plus courageux. Je fus témoin de ce spectacle dégoûtant, me promettant bien que ce serait la dernière fois, comme c'était la première. Vers la fin de la *ferrade*, un vigoureux taureau, qui prit la chose au sérieux, se mit en fureur, bondit comme une gazelle, et franchissant les parois de l'Arène, courut sus aux spectateurs, les poursuivant sur les gradins, dans les vomitoires, dans les galeries... Ce fut un sauve qui peut général... En un instant l'amphithéâtre fut vide, et je me trouvai seul à la place où j'étais resté, riant aux larmes de cette fuite précipitée, dont j'eus lieu cependant de m'affliger plus tard, quand j'appris que deux enfants avaient été écrasés et une femme très-grièvement blessée d'un coup de corne.

La carrière d'où furent tirées les pierres de l'Amphithéâtre est à quatre kilomètres de Nîmes. On la voit encore dans l'état où l'ont laissée les Romains. Trois grands quartiers de roche sont encore debout et coupés droits comme avec une immense scie. Les longues dalles qui servent de gradins, celles qui forment l'attique et sur lesquelles quatre hommes pourraient marcher de front, étaient taillées d'un seul bloc dans cette carrière et transportées à Nîmes par un chemin qui porte encore le nom de *chemin des Romains*. En face de la carrière, on a découvert tout récemment un puits où les ouvriers venaient puiser l'eau qui leur était nécessaire.

Pendant mon séjour à Nîmes, M. Martin fit paraître son éléphant, ses lions, ses tigres et ses hyènes dans les Arènes, véritable théâtre convenable pour l'exhibition de tels acteurs. Je n'ai pas besoin de dire que tout l'intérieur de l'amphithéâtre regorgeait de spectateurs, accourus de tous les points du département.

———————

La *Maison-Carrée*, dont j'ai réservé jusqu'ici la description, est à coup sûr le monu-

ment le plus intéressant de l'antiquité ni-
moise, tant sous le rapport de la beauté de
l'édifice que sous celui de sa conservation.
C'est ce monument que l'abbé Barthélemy, dans
son *Voyage d'Anacharsis*, appelle « le chef-
d'œuvre de l'architecture ancienne et le désespoir de la moderne. » Il forme un carré
long, isolé, d'où lui vient son nom de *Maison-
Carrée*. L'entrée est tournée au nord. Dix colonnes cannelées, de ce superbe et *éternel* ordre
corinthien (comme l'appelait dérisoirement
Châteaubriand (1) dans son *Itinéraire de Paris
à Jérusalem*), dont six de front et deux de
chaque côté du portique, supportent un entablement richement décoré, et couronné par
un beau fronton. Vingt autres colonnes, pla-
cées comme celles du péristyle, à quatre pieds
de distance l'une de l'autre, et engagées à

(1) Est-il donc permis de tourner ainsi le BEAU en
ridicule ? Châteaubriand eût-il donc préféré du
JOLI ?

moitié dans les parois, enveloppent l'édifice tout entier. La destruction de la toiture antique ne permet pas de décider si le temple ne recevait du jour que par la porte, comme la plupart des temples anciens, ou s'il en recevait par le toit. Des feuilles d'olivier et de chêne enveloppent les chapiteaux des colonnes; des tresses légères flottent le long de la porte d'entrée. Le luxe incroyable des ornements, d'une exquise délicatesse, ne gâte point la grandeur ni la pureté des profils. La qualité de la pierre, semblable au marbre par la finesse de son grain, se prêtait à tout ce beau travail du ciseau. Le cardinal Albéroni disait de la *Maison-Carrée* « qu'il fallait l'enfermer dans un étui d'or. » En effet, ce monument est petit par sa masse, mais grand par ses proportions et son harmonie, que l'œil embrasse sans effort. On dirait qu'il a été transporté là tout fait, à bras d'hommes, au sortir de l'atelier du sculpteur. Colbert, trouvant ce monument à son goût, avait envoyé des architectes à Nîmes pour s'assurer si le transport à Versailles en était praticable. Napoléon Ier, qui avait le bras plus long et plus fort que celui de Colbert, voulut aussi arracher la *Maison-Carrée* de son emplacement pour en décorer une des places de la capitale. Mais tout se réduisit à de vains désirs, et c'est alors que la construction de la *Madeleine* fut ordonnée par l'Empereur. « Je veux une reproduction plus étoffée de la *Maison-Carrée,* » avait-il dit. On eut, en effet, dans la copie, le grandiose de l'original; mais ces innombrables ornements, toute cette délicatesse de sculpture extérieure qui distinguent le temple romain et le feraient admirer entre mille, sont restés à l'état de mythe pour le temple parisien.

Dès les premiers temps du christianisme, la *Maison-Carrée* fut convertie en église, puis, au xie siècle, on en fit la maison commune. On démolit l'ancien perron; des murs, des cloisons furent élevés dans l'intérieur, des fenêtres furent percées dans les parois de la *cella*; enfin, on fit tout ce qu'on put pour déshonorer un si beau monument....

Mais voici bien le reste : l'édifice fut vendu à un certain Pierre Boys, qui s'avisa d'adosser contre le mur méridional une maison à son usage, et vendit bientôt la *Maison-Carrée* à un détenteur bien autrement barbare, le sieur Brueis, seigneur de Saint-Chaptes, qui convertit le temple en une écurie.

Ce barbare d'un nouveau genre réunit les colonnes du péristyle par une muraille en briques, et pour cela détruisit plusieurs cannelures. Il fit une coupure dans celles du milieu pour élargir l'entrée de son écurie, et enfonça dans les murs des poutres pour soutenir des greniers, des crèches et des mangeoires; enfin, il pratiqua une entaille inclinée aux colonnes du péristyle pour y appendre une espèce d'auvent sous lequel il faisait remiser les bestiaux les jours de foire ou de marché, quand l'écurie avait du trop-plein.

En 1670, les religieux Augustins firent l'acquisition du monument pour le convertir de nouveau en église, et par des travaux inconsidérés ébranlèrent l'édifice, que des réparations faites à temps préservèrent d'une ruine complète.

En 1789, la *Maison-Carrée* fut enlevée aux Augustins pour être affectée au service de l'administration centrale du département. Ce fut là le dernier danger qu'elle ait couru, et, depuis lors, elle a été l'objet de soins constants.

Débarrassée des maisons qui encombraient le voisinage, entourée d'une grille qui la protége, seule au milieu d'une place publique, d'où elle peut être vue commodément sous toutes ses faces, la *Maison-Carrée* est devenue

Musée de la ville.

Rien ne peut donner une idée de la beauté

du monument quand il est éclairé par un rayon du beau soleil couchant du Languedoc et de la Provence. Le temps a doré les pierres de l'édifice, et la justesse des proportions, la délicatesse des ornements, tant de souvenirs qui s'attachent à ces vénérables restes, tout vous jette dans une douce rêverie et dans une profonde admiration.

Au nombre des monuments romains qui subsistent encore à Nîmes, il faut comprendre un arc de triomphe situé sur le boulevard et adossé à la caserne de la gendarmerie. Malheureusement il est fort dégradé.

On a réuni autour de la *Maison-Carrée* un grand nombre de bas-reliefs et de débris sculptés de tout genre. C'étaient d'étranges gens que ces Romains, car j'ai vu là telle sculpture qui dépasse tout ce que l'imagination la plus fantastique peut concevoir de plus original... Il ne m'est pas permis de la décrire autrement, et c'est au lecteur curieux à prendre la peine d'aller lui-même voir ce dont il s'agit : la chose en vaut la peine et il n'aura que l'embarras du choix. Il y en a pour tous les goûts.

J'ai vu dans la *Maison-Carrée*, devenue le Musée, comme je l'ai dit plus haut, parmi d'autres peintures assez médiocres, la belle toile de *Locuste*, de Sigalon, peintre nîmois. M. Colin, qui habitait Nîmes en 1834, y avait aussi exposé sa *Flagellation du Christ*, tableau puissant d'effet et riche de coloris. Ce fut près de ces deux chefs-d'œuvre que fut exposé le premier portrait que l'artiste peignit à Nîmes, et, malgré le dangereux voisinage des deux toiles près desquelles on l'avait placé, ce portrait fut en peu de temps suivi d'un grand nombre d'autres..... Et cependant un autre écueil avait tout d'abord surgi sous la brosse du peintre..... Il s'était agi de reproduire les traits de Mme ***, une des personnes les plus honorables et les plus connues de la ville et.....

ò malheur! elle était âgée et très-mal partagée du côté de la grâce et de la beauté. Mais en faisant passer quelques-unes de ses couleurs sur la toile, l'artiste s'était souvenu des préceptes de son maître regretté, M. Dubufe, père de l'Édouard Dubufe de nos jours qui soutient si dignement la réputation artistique du nom : M. Dubufe père disait souvent à ses élèves : « *Faire bien, faire beau, faire ressemblant.* »

Mme *** se trouvant à la fois très-ressemblante et passablement jolie sur la toile, emboucha pour son peintre une immense trompette de renommée, et en peu de temps l'artiste ne pouvait suffire à la besogne.

. . . .

. . . .

C'est ici, cher lecteur, que des événements imprévus ont arrêté court la plume de l'artiste... et cependant il se proposait d'avoir l'honneur de faire passer sous vos yeux bienveillants la suite de son voyage en Languedoc, en Provence et en Algérie; ce dernier pays ayant encore alors tout son vernis d'originalité, la chose eût peut-être valu la peine de vous être présentée. Mais l'artiste n'est pas homme à renoncer si tôt à la faveur du public dans le cas où elle lui serait heureusement acquise... Donc si, un jour ou l'autre, il se décidait à donner une suite au présent livre, il se ferait un devoir, un honneur et un plaisir d'en avertir ses lecteurs, qu'il remercie préalablement d'avoir bien voulu le suivre jusqu'au bout dans ses pérégrinations humoristiques.

FIN.

TABLE DES CHAPITRES

Tours. — Imp. Mazereau et Cie, passage Richelieu.